不确定条件下的投资选择与决策：个体投资者的视角

李亚青　著

中国商业出版社

图书在版编目（CIP）数据
不确定条件下的投资选择与决策 ： 个体投资者的视角 / 李亚青著. -- 北京 : 中国商业出版社, 2024. 11.
ISBN 978-7-5208-3280-9
Ⅰ. F830.59
中国国家版本馆CIP数据核字第20242RR857号

责任编辑：滕　耘

中国商业出版社出版发行
（www.zgsycb.com　100053　北京广安门内报国寺 1 号）
总编室：010-63180647　编辑室：010-83118925
发行部：010-83120835/8286
新华书店经销
济南圣德宝印业有限公司印刷
*
710 毫米 ×1000 毫米　16 开　12.5 印张　210 千字
2024 年 11 月第 1 版　2024 年 11 月第 1 次印刷
定价：60.00 元
****
（如有印装质量问题可更换）

前言

在当今充满变化与不确定性的金融市场中，个体投资者面临着前所未有的挑战。随着全球经济的深度融合和金融市场的日益复杂化，投资选择已经不再是简单的买卖行为，而是一门需要深入研究和不断实践的学问。本书正是为了帮助广大个体投资者更好地应对这些挑战而撰写的。

投资，本质上是一种在风险和收益之间寻找平衡的艺术。特别是在不确定性日益增加的环境下，如何作出明智的投资决策，成为每个投资者必须面对的重要课题。本书从个体投资者的视角出发，深入探讨了在不确定条件下如何进行投资选择与决策，旨在为投资者提供一个全面、系统的投资指南。

本书的主要内容涵盖了绪论、投资的基础知识、不确定条件下的投资理论、风险评估与管理、资产配置与投资组合构建、投资决策过程与投资心理、长期投资策略与短期交易技巧，以及案例分析与实战演练。本书深入浅出，旨在帮助读者建立对投资领域的全面认识，并提供了丰富的实践案例和实战演练，为读者在理论与实践之间架起一座桥梁。

本书结构清晰、内容丰富，并注重实用性和可操作性。每一章节都围绕一个核心主题展开，逐步引导读者深入了解投资的各个环节。同时，本书还特别强调了投资心理学在决策过程中的重要性，帮助投资者认识并克服自身可能存在的心理偏差，从而作出更为理性的投资决策。

本书不仅适用于初入投资领域的新手，也适合有一定投资经验的老手。对于新手而言，本书可以作为一个系统的入门教程，帮助他们快速掌握投资的基础知识和核心技能；对于老手来说，本书则提供了更多高级的投资策略和实战技巧，有助于他们进一步提升投资水平和业绩。

在撰写本书的过程中，笔者力求做到语言流畅、逻辑清晰，以期能够激发读者的阅读兴趣。同时，笔者也非常重视内容的准确性和实用性，确保所提供的信息和建议都是基于最新的市场数据与研究成果。尽管笔者已经尽力确保本书的质量和准确性，但投资市场千变万化，书中难免有错漏和不足，敬请同行专家及读者指正，以便进一步完善提高。

目录

第一章 绪论

第一节 投资的不确定性与挑战

一、不确定性的定义与分类

在探讨投资的不确定性与挑战这一问题时，不确定性的定义与分类是一个基础而关键的环节。所谓不确定性，是指在决策过程中无法预测或者难以预测的因素，这些因素可能导致实际结果与预期结果产生偏差，从而影响投资决策的准确性。投资的不确定性广泛存在于各种市场环境中，它不仅包括整体经济环境的变化、不同行业的波动、公司个体的风险，还涉及更为复杂的外部冲击如政治事件、自然灾害等。这些不确定性因素相互交织，构成了投资决策中的巨大挑战。

从理论上讲，不确定性可以分为两大类：可测的不确定性和不可测的不确定性。

可测的不确定性是指那些可以通过历史数据和统计方法加以量化与预测的风险，如市场风险、信用风险和流动性风险等。这些风险虽然无法完全消除，但通过有效的风险管理手段如风险敞口管理、证券组合多样化等，可以在一定程度上加以控制和缓解。市场风险是指由市场价格波动导致的投资损失风险，主要受市场供需关系、宏观经济指标、投资者情绪等多种因素影响。信用风险是指企业或个人无法履行合同义务而导致的资金损失风险，通常通过信用评级、债务偿还历史等指标来进行评估。流动性风险是指在特定情况下投资者无法快速将资产转换为现金的风险，这类风险在市场波动时显得尤为突出，因为资产在短时间内可能会因供需失衡而无法变现。

与之相对，不可测的不确定性则是一种更为模糊和难以量化的风险因素。这类风险往往不可预测，也难以通过历史数据或统计模型进行准确预估。其中包括政治风险、法律风险和环境风险等。政治风险是指由政府政策变化、政局不稳定或其他政治事件引起的不确定性，例如，一个国家出台新的税收政策、外汇管制政策，或者发生政变、武装冲突等，均可能对投资产生重大影响。法律风险则涉及法律环境的变化，如法规修订、法制执行不力或者司法干预等情况，这些因素可能引起合规成本增加、合同纠纷等问题。环境风险则涉及自然界的变化，如自然灾害、气候变化等，这类风险通常不可预测且极具破坏性，对长期的投资回报和资产安全构成不确定性。

不确定性还可以从时间维度和因素性质进行分类。从时间维度来看，不确定性分为长期不确定性和短期不确定性。长期不确定性主要指那些对投资结果产生持续影响的因素，如技术创新、人口结构变化、资源短缺等，而短期不确定性则往往与市场突发事件、政策变化等短期因素相关联。从因素性质来看，可以进一步分为系统性不确定性和非系统性不确定性。系统性不确定性是指影响整个市场或整个行业的不确定性，如经济周期变化、国际竞争环境变化等。非系统性不确定性则是指特定公司或特定资产相关的不确定性，如公司管理层变动、新产品研发失败等。

对投资者而言，理解和应对不确定性至关重要。在面对可测的不确定性时，采用量化工具和科学方法，如利用统计模型和风险管理工具，可以有效地降低投资风险。而面对不可测的不确定性，则需要灵活而动态的应对策略，如注重投资组合的多样性，保持对市场变化的高度敏感性，及时调整投资策略等。

应对不确定性的方法还涉及使用先进的风险管理技术和工具。例如，现代风险管理理论强调通过资产配置和投资组合优化来分散风险，同时也提出了利用金融衍生工具如期权、期货等进行对冲的策略。这些技术和工具的应用需要高水平的专业知识和实践经验，但对有效降低投资组合的波动性和风险有显著作用。

不仅机构投资者，个体投资者同样需要具备应对不确定性的能力。个体投资者由于资源和信息的限制，更加需要慎重地分析不确定性因素，合理评估自己的风险承受能力，避免盲目跟风和情绪化操作。同时，通过持续学习和完善自身的投资知识，提高分析和判断能力，也是个体投资者应对不确定性的有效途径。

在不确定性日益增多且不可避免的投资环境里，识别和分类不确定性，以及制定相应的应对措施，是提高投资决策科学性和成功率的关键。这不仅需要扎实的理论基础，还需要敏锐的观察力和实践经验。理解不确定性，同时掌握一定的风险管理策略，能够帮助投资者在高度不确定的市场环境中作出更为理智和有效的投资决策。

二、政策和宏观经济影响

不论是宏观经济政策的调整，还是微观规则的变动，都会对市场、行业及个体投资者的决策产生深远影响。投资决策的制定离不开对政策和宏观经济环境的深入分析。货币政策、财政政策、宏观经济指标、全球化趋势、政策不确定性等多方面因素交织在一起，共同影响市场走向和投资机会。个体投资者要在不确定环境中作出明智选择，必须对这些因素有深刻的理解和敏锐的感知。

宏观经济政策主要包括货币政策和财政政策。货币政策由中央银行制定和实施，旨在控制货币供给和利率，以达成调节通货膨胀和经济增长等政策目标。常见的货币政策工具包括调整基准利率、公开市场操作和法定存款准备金率。例如，当中央银行降低利率时，消费者和企业的借贷成本会下降，从而可能促进消费和投资，进而推动股市和其他金融市场上涨。相反，当中央银行提高利率的时候，借贷成本上升，可能导致市场情绪转冷，资产价格下跌。然而，货币政策的传导机制往往是复杂和滞后的，政策效果可能需要一段时间才能完全显现，而且不同经济体之间对货币政策的反应可能存在显著差异。因此，投资者在作决策时必须同时考虑时间因素和整个市场的互联性。

财政政策由政府通过预算过程来制定，涉及政府税收、支出和借款。政府通过增加支出来刺激经济增长，或通过提高税收来抑制过热的经济。比如，政府大规模基础设施投资项目不仅能够直接创造就业，还能带动相关产业的发展，从而为相关股票和产业基金带来投资机会。同样，减税政策可以增加企业利润，提升消费者可支配收入，刺激消费和零售行业的增长。然而，财政政策的实施往往面临制定和执行层面的挑战，如立法过程所用时长、地方政府的实际执行能力等，因此投资者应注意政策与实际效果之间可能存在的差异。

宏观经济环境是政策发挥作用的大背景。包括国内生产总值（GDP）增长率、失业率、通货膨胀水平、国际收支平衡等在内的经济指标，都直接或间接地影响金融市场。GDP 增长意味着经济整体健康，企业盈利有望提升，市场信心增强，股市往往表现良好。而失业率高企可能预示经济疲软，会给消费和投资带来负面影响。通货膨胀水平对投资选择有重要影响，适度的通货膨胀可能反映需求稳定增长，从而利好股市；但过高的通货膨胀会侵蚀企业利润，可能引发紧缩性货币政策。因此，通胀预期和实际通胀数据都是投资者关注的重点。

经济全球化以及国际经济形势也是投资者不容忽视的因素。国际贸易形势、外汇市场波动、跨国资本流动、地缘政治风险等都可能改变市场的投资机会和风险格局。例如，国家之间的贸易摩擦对全球供应链、企业盈利和市场预期都会产生广泛影响，从而在全球金融市场引发剧烈波动。石油价格、大宗商品价格波动也会通过多种渠道影响全球经济，投资者必须保持对这些因素的敏锐洞察。

政策不确定性是个体投资者面临的另一大挑战。例如，政策立场的转变、突发事件的发生等都可能引发市场重大波动。投资者需要密切关注政策动向，结合市场预期进行判断。在政策出台前，有必要通过各种渠道获取政策酝酿和讨论的信息，以提前布局；政策出台后，则需快速评估政策效应，及时调整投资组合。灵活的策略和快速反应能力是应对政策风险的关键。

第二节 个体投资者的角色与定位

一、自我认知与投资偏好

个体投资者在面对市场的波动和不确定性时，首先会通过自我认知来形成对市场及其参与角色的理解，从而进行理性或感性的决策。这种自我认知包含多方面的内容，它不仅涉及对自身风险承受能力、财务状况的了解，还包括对自身认知偏差与情绪控制的自我察觉。通过对这些方面的深入理解，投资者可以提高其在复杂市场环境下的决策效率。

个体投资者的风险承受能力是自我认知中的一个关键因素。风险承受能力既包括财务上的硬性指标，如可用于投资的资金量、对亏损的承受能力、当前的负债水平等，还包括心理方面的柔性指标，如面对市场突变时的心理承受能力、面临决策时的冷静程度等。每一位投资者都带有风险偏好，偏好源自其个人特质及背景，有些投资者更倾向于保守，追求风险较低但稳定的回报；而有些投资者则具有冒险精神，愿意为可能的高收益承担较高风险。了解自身的风险承受能力，不仅能帮助投资者选择适合自己的投资产品和策略，还能避免在风险来临时作出不恰当的反应，从而更好地保护自身的投资收益和心理健康。

财务状况也是自我认知的重要方面。投资不仅仅是动用眼前的闲置资金，更是对未来预期收益的规划与布局。个体投资者需要清晰地认识到自己当前的财务状况，包括正在持有的资产、预期收入、应对紧急情况的备用金等。这些因素将直接影响投资者在选择投资产品时的决策。一个了解自己财务状况的投资者，能更为准确地设定投资目标，并选择适合自己的投资策略。比如，处于人生不同阶段的投资者，其财务状况和目标可能是截然不同的。年轻的社会新人或许会更关注高增长性的投资产品，而即将退休的老年人则可能更倾向于安全稳健的保值策略。

自我认知的另一重要内容是个体认知偏差与情绪控制。认知偏差是指人们在感知、记忆、思维等过程中某些原因导致的系统性偏误。这些偏差在投资决策中表现在过度自信、逃避损失、从众心理及锚定效应等方面。过度自信使得投资者可能高估自身能力，从而作出冒险的投资决策；逃避损失使得投资者不愿意承认错误，从而迟迟不愿止损；从众心理带来的盲从可能导致投资者追涨杀跌；锚定效应则使得投资者在面对新的信息时仍过度依赖先前的信息。了解自身的认知偏差，能帮助投资者在面对市场信息时保持更为清醒的头脑与理智的行为。在情绪控制方面，投资者需要认清自己在面对市场波动时的情绪反应，如焦虑、恐惧、贪婪等。良好的情绪控制能帮助投资者在高压力环境下作出更冷静与理智的决策，而不是被情绪左右进而作出冲动的买卖行为。

自我认知也与投资者的投资目标紧密相关。不同的投资者因各自的生活目标、未来规划而设定不同的投资目标。这些目标有为子女筹备教育基金、有为计划中的大额消费、有为养老储备资金等。清晰、明确的投资目标将帮助投资者在实际操作中拥有更好的方向性和目的性，从而在多变的市场环境中保持定力，不至于因短期波动而偏离轨道。了解自身的长期和短期目标，将有助于投资者选择合适的投资标的，并根据目标的重要性和时限性进行合理的资产配置。

在实际操作中，投资偏好形成了个体投资者的一种行为模式和决策框架。这种偏好不仅是个人特质和经验的反映，也是市场信息、情绪波动、社会环境等多方面因素综合作用的结果。识别和尊重自身的投资偏好，意味着投资者能够在众多的投资品种和策略中，选择最适合自己个性和需求的组合。比如，有些投资者钟爱于股票投资，信赖其潜在的高收益；有些投资者热衷于房地产，看重其保值增值功能；还有一些投资者偏好固定收益类产品，以期在低风险下实现稳定收益。这些偏好在每一个投资者身上表现形式各异，但共同决定了投资者的决策风格和结果。

二、风险承受能力与风险态度

在复杂且变幻莫测的金融市场中，个体投资者如何评估自身的风险承受能力，并选择适合自己的风险态度，成为影响其投资收益的关键。风险承受能力与个人财务状况、投资目标、知识水平等诸多因素息息相关，而风险态度则反映了个体在面对不确定性时的心理倾向和决策偏好。

风险承受能力主要反映了个体投资者在经济上的承受力和在心理上的耐受力。在经济上的承受力取决于个人的资产规模、收入状况、负债水平以及流动性需求等。例如，一位高收入、高净值的投资者在经济上能够承受更大的波动和潜在回报，因此其风险承受能力显然高于一位收入有限、负债较多的投资者。在心理上的耐受力则取决于个体的性格特点、情绪调控能力和对风险的认知水平。一些投资者在面对市场波动时表现得沉稳冷静，能够理性分析并作出决策；而另一些投资者则容易感情用事，在市场下跌时恐慌抛售，从而作出非理性的投资决策。

在此基础上，风险态度则是一种更为复杂的概念，包含了投资者对风险的接受程度、对风险与回报关系的认知以及在面对不确定性时的行为倾向。风险态度可以分为风险偏好、风险中性和风险厌恶三种类型。风险偏好型的投资者通常愿意为追求更高的回报而承担更大的风险，这类投资者更多地参与股票、期货等高风险、高收益的金融产品的投资。风险中性型的投资者则更关注风险与回报的平衡，他们在选择投资标的时既不会刻意寻求高风险、高回报的产品，也不会完全规避风险，相对较为理性和稳重。风险厌恶型的投资者则倾向于规避风险，选择更为安全的投资方式，如定期存款、国债等，宁愿牺牲一部分潜在的收益。

还有一个重要因素是投资者的年龄和所处的生命周期。年轻的投资者由于时间成本较低，可以承担更多的风险，追求高回报的投资方式；而年长的投资者更倾向于保守稳健的投资策略，注重资产的保值和增值。家庭结构和责任也对风险承受能力和风险态度产生影响。例如，已婚且有子女的投资者可能更注重财务的稳定性和安全性，倾向于选择低风险的投资方式；而单身且无家庭负担的投资者可能更愿意尝试高风险高回报的投资。

投资者的教育背景和金融知识水平也是影响其风险承受能力与风险态度的重要因素。具有较高金融素养的投资者通常具备更好的风险识别和管理能力，他们懂得如何通过分散投资来降低风险，并能够更合理地评估市场信息和作出投资决策。反之，金融知识缺乏的投资者往往难以准确评估风险，容易受到市场情绪和外界信息的影响，表现出更高的风险厌恶倾向或不合理的风险偏好。

个体投资者在实际操作中，需要认清自身的风险承受能力和风险态度，并根据这些属性选择合适的投资策略和组合。这要求投资者进行自我评估，从经济状况、心理特质、知识水平等多个层面综合考量，避免盲目跟风或一意孤行。例如，可以通过问卷调查、风险评估模型等工具来科学量化自身的风险承受能力，进而制订科学合理的投资计划。

投资者在面对市场波动和不确定性时，往往会面临情绪上的困扰和心理压力。良好的心理素养和情绪管理能力，可以帮助投资者在市场波动中保持冷静、从容应对，避免因为短期波动而作出非理性的决策。建立合理的预期、做好充分的准备与规划，是应对市场风险的重要手段。

三、投资目标与时间视角

在个体投资者的投资决策过程中，投资目标与时间视角是至关重要的因素。明确投资目标能够为投资者提供明确的方向，使其在纷繁复杂的市场环境中保持冷静，从而在不确定条件下作出更为理性的决策。同时，时间视角不仅影响投资策略的选择，还对最终的投资回报产生深远影响。

关于投资目标，个体投资者的需求和期望各有不同。有的投资者可能追求的是资本增值，他们希望通过股票、基金等高风险、高收益的投资工具在较短时间内实现资产的快速增长。这类投资者通常会关注市场的短期波动，利用技术分析、趋势跟踪等手段频繁交易，以期抓住市场中的每一个机会。此外，还有一些投资者以长期稳定的收益为主要目标，这类人群通常倾向于持有蓝筹股、高分红股票或者债券等相对稳定的投资品种。他们更关注的是公司的基本面、财报数据，以及宏观经济的发展趋势，以便判断投资标的是否能带来持续的回报。对于他们而言，市场的短期波动并不会影响其决策，因为他们投资的主要目标是实现长期的财富保值和增值。

一些投资者的目标可能是特定的财务需求，如购买房产、助力子女教育、保障退休生活等。这些具体目标的实现需要投资者在规划时充分考虑时间节点和资金需求的变化。例如，教育基金的设置需要考虑子女的入学时间，退休金的规划则需根据退休时间和预期寿命来进行合理的资产配置。这样一来，投资目标不仅仅是对一个数字的追求，更是承载了投资者家庭和个人生活的重大决策。因此，个体投资者在设定投资目标时需要有清晰且明确的规划，并根据自身情况定期调整目标，以应对市场变化和生活需求的变动。

在确定了投资目标后，个体投资者还需要考虑时间视角，即投资的时间维度对实现目标的影响。时间视角的长短直接决定了投资策略的选择和风险承受能力。短期投资者通常偏好高波动性的投资，因为他们希望能够在短时间内获得高额回报。但短期投资也往往伴随着高风险，市场的随机性和不确定性较大，需要投资者具备较强的风险管理能力和心理素质。

中期投资者一般会选择一年至三年的投资计划，他们既希望捕捉市场上较大的阶段性机会，又不希望承担过多的风险。这类投资者通常会采用波段操作的方法，通过在相对低点买入、高点卖出，获取阶段性的收益。他们既需要关注市场的中期趋势和行业周期，也要密切跟踪宏观经济指标和政策变化，以便及时调整投资组合。

长期投资者则注重持有优质资产，他们认为时间是磨平市场波动的重要武器。股票市场的长期回报率通常较高，但其短期波动性也极大。长期投资者着眼于公司的长期发展前景和盈利能力，他们相信通过持有一段时间，可以享受到公司成长带来的资本增值和分红收益。与此同时，长期投资者也更关注通胀对资产价值的侵蚀，通过配置一些抵御通胀的资产，如房地产、贵金属等，来确保长期投资的实际收益。

在不同的时间视角下，风险承受能力也是需要重点考虑的问题。短期投资者需要面对市场瞬息万变所带来的心理压力和决策挑战，不确定性较高，需要依赖对市场波动的高敏感度。而长期投资者则需要具备更大的耐心和对市场波动的容忍度，需要避免在市场低迷时情绪化的卖出行为，能够忍受暂时的回撤，等待市场的复苏。

个体投资者在不确定条件下作出投资选择时，必须清晰地理解自身的投资目标和时间视角，并根据其时间视角设定相应的风险管理策略。只有在明确了投资目标和适应的时间框架后，投资者才能制订出切实可行的投资计划，选择合适的投资工具，进行合理的资产配置。时间视角在投资过程中的作用不可忽视，它不仅影响投资策略的选择，还决定了投资者能否在市场波动中保持冷静，从而实现预期的投资目标。

第三节　本书的研究目的与结构

一、研究背景与动机

明确研究背景与动机是探索不确定条件下投资选择与决策的重要前提，也是理解个体投资者在这种情境下采取行动的关键。在现代金融市场中，变幻莫测的经济环境与迅速发展的科学技术使得不确定性成为常态，市场的不确定性不仅影响着宏观经济指标，还深刻影响着个体投资者的心理和决策过程。金融危机、政策变化、地缘政治风险以及企业内部管理问题等诸多因素，皆可能带来剧烈的市场波动，使得投资决策充满了挑战。个体投资者往往面临信息不对称、资金限制、心理承受能力偏差等方面的诸多困难，他们在不确定条件下的投资行为显得尤为复杂。

全球经济环境的多变性极大地加剧了市场的不确定性。国际金融市场瞬息万变，无论是石油价格波动、汇率变动，还是各国央行政策调整，都会在短时间内对市场产生重大影响。在这种环境下，投资者不仅要对现有的市场状况作出判断，还需要对未来可能的发展方向进行预测。在现实中，投资者常常面临难以获取全方位信息的困境，信息的缺乏或滞后可能会导致错误的决策，使得他们在剧烈波动的市场中变得更加脆弱。

金融市场对于技术和创新的依赖也使得市场更加不可预测。科技的快速进步催生了大量的新兴产业，如人工智能、区块链、金融科技等，这些领域的发展充满了机会和挑战。在这些新兴产业中，个体投资者不仅需要具备一定的技术背景知识，更需要迅速获取和分析市场信息的能力，以便抓住投资机会。然而，由于技术发展的不确定性和行业的高风险性，投资者往往难以作出完全理性的判断，且易受到市场噪声和情绪波动的干扰。

政策层面的不确定性往往是投资决策中的一大难题。政府的政策变动，特别是涉及税收、监管、贸易等方面的政策，往往会对市场产生直接且深远的影响。例如，利率调整政策可能直接影响对投资收益的预期，从而左右投资者的选择。由于政策变动的频繁性和不可预测性，个体投资者在实际操作中需要能够对政策环境进行准确的解读和预测，以便降低因政策风险带来的投资损失。

地缘政治风险也是一个不可忽视的因素，其对金融市场的影响常常是突然且巨大的。例如，英国脱欧等事件都曾在短时间内引发全球金融市场的剧烈波动。对于个体投资者而言，他们不仅需要关注国内外的经济数据和市场动态，还需要密切留意地缘政治局势的变化，以便及时调整投资策略。然而，由于地缘政治事件的复杂性和多变性，投资者往往难以预见其全过程和发展趋势，从而在实际操作中面临较大困难。

企业内部管理问题同样是个体投资者必须考虑的重要方面。企业的经营状况、管理层的决策以及财务健康度等因素，都会直接影响股票的市场表现。企业内部的巨大变动，如管理层更替、财务诈骗或重大亏损等，可能会在短时间内导致企业股票价格大幅波动。个体投资者需要具备一定的企业分析能力，能够从企业的财务报表、经营数据以及市场反应中抽丝剥茧，发现潜在风险或投资机会。但是，由于企业内部信息的不对称性以及信息披露的滞后性，个体投资者往往不能完全掌握内情，这使得他们在面对企业风险时倍感无力。

从投资者个人角度来看，不确定性和风险偏好也是影响投资决策的重要因素。不同的投资者由于心理素质、财务状况以及投资经验的差异，对于风险的承受能力和态度各不相同。有些投资者可能倾向于追求高风险、高回报的投资品种，如高科技股票、期权等，而另一些则可能更偏好于稳健的低风险产品，如国债或蓝筹股等。投资者的风险偏好不仅决定了其投资组合的构成，也直接影响其在市场波动中的应对策略。个体投资者往往需要通过不断学习和调整，来提高自身的风险管理能力和市场适应性。

信息技术的发展虽然让个体投资者能够更方便地获取大量的市场数据和资讯，但也带来了信息过载的问题。面对海量的信息，如何筛选出有效信息、避免受到不实消息或片面解读的干扰，成为一项新的挑战。这需要投资者具备较强的分析和判断能力，能够在纷繁复杂的市场中保持独立思考和理性决策。同时，心理偏差也是个体投资者在不确定条件下进行投资选择时容易出现的问题之一。行为金融学研究表明，投资者的决策常常受到情绪、认知偏差等心理因素的影响，如过度自信、损失厌恶、从众效应等。这些心理因素可能导致投资者在面对市场波动时作出非理性的决策，如在市场高涨时追高买入，在市场下跌时恐慌抛售，从而导致不必要的损失。

二、研究意义与目标

在全球经济发展与市场波动的背景下，探讨不确定条件下的投资选择与决策具有重大意义。近年来，市场的不确定性显著增加，这不仅包括宏观经济因素如利率变动、通货膨胀和汇率波动，还涉及地缘政治风险、技术创新带来的行业变革风险等。探索个体投资者在不确定条件下的行为模式，理解其决策过程及其影响因素，是本书研究的基本起点。以个体投资者的视角展开分析，能够揭示个人投资市场的一些规律，并为投资实践提供指导。

研究不确定条件下的投资行为，其意义在于填补现有研究中的一些空白。目前，大多数关于投资决策的研究较多关注机构投资者，个体投资者的投资行为较少被系统性地研究。然而，个体投资者行为对整个金融市场有着重要影响，因为他们占据了全球证券市场的相当比例。通过深入研究个体投资者在不确定条件下的行为，可以揭示这一群体的独有特质及其对市场波动的影响，弥补这一领域研究的不足。

分析个体投资者在不确定条件下的投资选择与决策还有助于更好地理解投资者心理和行为经济学理论。现代经济学理论主要基于理性经济人假设，认为投资者会根据风险和收益作出最优决策。然而，大量实验证据表明，实际情况往往并非如此，个体投资者的决策充满了非理性因素。在不确定条件下，投资者心理和行为偏差可能会更加明显，研究这些偏差可以进一步丰富和完善行为经济学理论，提供更具现实解释力的投资决策模型。

本书的研究意义还包括为政策制定者和监管机构提供参考依据。市场的不确定性不仅影响个体投资者的利益，也可能对金融市场的稳定性造成威胁。深入了解个体投资者在不确定环境下的决策过程及其行为模式，有助于制定更有效的金融监管政策和对投资者的保护措施，防范系统性风险，提高市场透明度和稳定性，对维护金融体系的健康发展具有重要意义。

在实际应用中，研究个体投资者在不确定条件下的行为和决策，可以为投资教育和投资者培训提供实践指导。通过揭示常见的投资误区和非理性行为，可以设计出更有针对性的投资者教育项目，帮助投资者更好地应对市场的不确定性，提高其理性决策能力和风险管理能力。提升个体投资者的专业素养，有利于提高整个市场的效率和健康运行。

本书的研究目标明确指向探索和剖析个体投资者在不确定条件下的投资决策行为，通过研究构建系统的理论框架，揭示个体投资者在面对不确定性时所采用的不同策略和决策方法，包括风险规避、分散投资、技术分析和基本分析等多方面内容。通过实证分析，检验不同背景、不同市场环境下个体投资者行为的异同，进而总结出具有普遍适用性的理论和实践指导。

本书力图通过案例分析和市场数据，验证理论模型的实际应用效果，建立一种理论与实践相结合的研究方法。这不仅能提升研究的科学性和可验证性，也能够通过数据和案例向读者展示个体投资者在实战中的应对策略与决策过程，从而增加研究的实际意义和应用价值。

本书提出了切实可行的建议，帮助个体投资者在不确定条件下作出更加理性的投资决策，包括如何制订有效的投资计划、如何识别和应对市场风险、如何合理配置资产以达到最大化收益和最小化风险的目标等。这些建议不仅有助于提高个体投资者的决策质量，也能够促使他们形成更科学和系统的投资理念。

本书从个体投资者的需求出发，探讨金融服务行业如何优化产品和服务，以更好地满足投资者在不确定条件下的需求。通过分析个体投资者的行为和偏好，可以为金融机构的产品设计、风险管理和客户服务提供重要参考，助力金融行业的创新和发展。

三、预期贡献与创新点

本书的预期贡献主要体现在三个关键领域：理论研究、实践应用和方法创新。

在理论研究方面，本书致力于从心理学、行为经济学、金融学等多角度、多学科的交叉视角，系统研究个体投资者在不确定条件下的行为模式及决策规律。通过系统梳理与分析现有的理论框架与学术成果，本书将在现有研究成果的基础上，提出针对个体投资者在不确定条件下进行投资决策的新理论模型。此模型将涵盖从信息认知过程到决策反馈机制的各个环节，为相关领域的学术研究提供新的思路与理论依据。

在实践应用方面，本书立足于个体投资者的实际投资环境，结合国内外最新的市场数据与真实案例，深入分析投资者在面对市场波动、信息不对称、心理偏差等因素时的典型行为与决策逻辑。通过案例分析与数据挖掘，本书将在投资策略、风险管理及心理调适等多个层面，为个体投资者提供具有系统性、可操作性的策略指导。这些策略不仅涵盖了不同经济周期、不同市场环境下的具体操作方法，也融入了对投资者心理建设、风险承受能力与投资心理预期的深入探讨，从而帮助投资者在复杂多变的市场环境中，科学、理性地作出投资决策。

在方法创新方面，本书具有如下几个显著特点。

首先，本书引入了大量心理学与行为经济学的最新研究成果，探讨金融市场中的人性因素。传统的金融理论往往忽略了个体投资者的情感与心理状态，而本书将通过心理实验、行为分析等多种研究方法，对个体投资者在不确定条件下的心理反应与行为偏差进行深入剖析，旨在帮助投资者更好地理解与管理自身的投资行为。

其次，本书通过对大数据与人工智能技术的应用，构建了动态的投资决策模拟系统。这一系统结合了现代金融分析工具与复杂网络模型，可以实时分析市场动态、预测投资风险与收益，从而为个体投资者提供更加科学的决策依据。通过这一技术手段，本书不仅拓宽了传统投资理论的研究视野，也在金融科技与投资策略结合的领域迈出了重要一步。

再次，本书在研究方法上，采用了定量研究与定性研究相结合的方法，通过数据分析与案例研究的有机结合，对个体投资者进行全方位、多层次的研究。这种研究方法不仅克服了传统定量研究中数据样本的局限性，也弥补了定性研究在数据严谨性方面的不足，从而达到研究成果的科学性与严谨性的统一。通过这种方法，本书为投资决策理论的实证研究提供了丰富的数据支持，为未来的研究开辟了新的路径。

最后，本书还特别关注不同文化背景下投资者的行为差异与决策偏好。国内外的资本市场环境、政策法规以及文化背景存在显著差异，这些差异直接影响了投资者的行为模式与决策过程。通过对市场环境与投资者行为的对比研究，本书不仅揭示了不同文化背景下的投资者在面对不确定条件时的不同反应与决策逻辑，也为不同文化下的投资行为的研究提供了宝贵的实证数据与理论支持。本书希望通过这种研究，帮助投资者更好地理解全球化背景下的投资机会与风险，从而制定更加科学、合理的投资策略。

通过详细阐述预期贡献与创新点，笔者相信本书能够在多个层面上为读者提供深刻的启示与实用的指导。无论是学术研究者、金融从业人员，还是普通的个体投资者，都能从本书中获取有价值的知识与技能。这不仅有助于提高个人的投资决策水平，也将在一定程度上推动整个金融行业的发展与进步。通过融合多学科视角、采用创新的研究方法，并结合实用的投资策略，希望本书能够为不确定条件下的投资决策研究打开新的篇章，推动这一领域迈向新的高度。

第二章

投资的基础知识

第一节　金融市场概述

一、金融市场的定义与分类

从概念上来说，金融市场是指买卖金融工具的场所或体系，通过这些市场，资金在不同经济主体之间流动。金融市场的核心功能是为资金需求者和资金供应者提供一个交易平台，进而促进资本的有效配置，提高经济效益。

金融市场的运作机制依赖金融工具和金融机构。金融工具是指在金融市场上流通的各种资产，包括股票、债券、外汇、衍生品等。金融机构则是指在金融市场中起中介作用的机构，如银行、保险公司、证券公司、基金公司等。这些机构通过各类金融工具，将资金从盈余单位转移到赤字单位，从而促进资本的有效配置，实现资源的优化利用。

依据不同的标准，金融市场可以进行多种分类。一种常见的分类方法是根据金融工具的到期期限来划分，可将金融市场分为货币市场和资本市场。货币市场是指交易期限在一年以内的短期金融工具的市场。货币市场工具包括国库券、商业票据、银行承兑汇票、回购协议等。货币市场的主要功能是调节短期资金的供需，提供流动性，帮助企业和政府解决短期资金需求。资本市场是指交易期限在一年以上的长期金融工具的市场。资本市场工具包括股票、公司债券、政府债券等。资本市场的主要功能是为企业和政府提供长期资金支持，促进资本形成和经济增长。

从交易性质上看，金融市场可以分为一级市场和二级市场。一级市场是指新发行金融工具的市场，也称为初级市场或发行市场。在一级市场上，企业、政府和其他组织通过发行股票、债券等方式筹集资金，投资者首次购买这些金融工具。二级市场是指已发行金融工具的交易市场，也称为次级市场或流通市场。在二级市场上，投资者之间可以买卖已经发行的金融工具，为金融工具提供流动性。二级市场的交易价格由市场供求关系决定，反映金融工具的市场价值。

金融市场还可以根据交易组织形式进行分类，主要分为场内市场和场外市场。场内市场是指在集中交易场所进行的规范化交易，典型代表是证券交易所，如纽约证券交易所、伦敦证券交易所、上海证券交易所等。场内市场的交易规则严格、监管完善、交易透明度高，有助于保护投资者权益。场外市场是指不在集中交易场所进行的分散交易，也称为店头市场或柜台市场。场外市场的主要特征是交易灵活、形式多样，参与者可以通过经纪商、中介机构等进行个性化交易，但场外市场的监管相对较松，透明度较低，可能存在一定的交易风险。

根据交易对象的不同，金融市场还可以划分为股票市场、债券市场、外汇市场、衍生品市场等。股票市场是股票及其衍生品的交易市场，主要功能是为企业筹集股本资金，为投资者提供投资渠道。股票市场的交易价格受企业经营状况、市场供求关系等多种因素影响。债券市场是债券及其衍生品的交易市场，主要功能是为企业和政府提供债务融资，为投资者提供固定收益投资工具。债券市场的交易价格主要由债券的票面利率、市场利率和信用风险等因素决定。外汇市场是不同国家货币之间的交易市场，为国际贸易和投资提供汇率保障。外汇市场是全球最大的金融市场，其交易价格即汇率，受国际收支、利率差异、政治经济事件等多种因素影响。衍生品市场是金融衍生工具的交易市场，包括期货、期权、互换等。衍生品市场的主要功能是为投资者提供风险管理工具，提高资金使用效率。

随着金融创新和科技进步，金融市场的分类方式也在不断丰富。例如，现代金融市场可以根据交易方式和技术特点，分为电子交易市场和传统交易市场。电子交易市场是利用互联网和计算机技术进行交易的市场，具有交易便捷、信息透明、成本低等优点。传统交易市场则依赖人工交易方式，具有交易灵活、个性化服务等特点。此外，金融市场还可以根据区域划分为国内市场和国际市场，国内市场是指在一国范围内进行的金融交易，国际市场是指跨国界的金融交易。

金融市场的多样性和复杂性决定了其在经济系统中的重要地位。通过对金融市场的定义和分类，可以更好地理解金融市场的功能和作用，为投资决策提供理论基础。只有全面了解金融市场的各种类别和相应特点，才能合理把握投资机会，规避金融风险，实现财富的保值增值。

二、全球主要金融市场证券交易机构

全球主要金融市场不仅在规模上庞大，在影响力上也举足轻重，是全球经济和金融体系的核心组成部分。这些市场中的主要证券交易机构包括但不限于纽约证券交易所（New York Stock Exchange，NYSE）、纳斯达克（National Association of Securities Dealers Automated Quotations，NASDAQ）、伦敦证券交易所（London Stock Exchange，LSE）、东京证券交易所（Tokyo Stock Exchange，TSE）、上海证券交易所、深圳证券交易所、香港交易及结算所有限公司（Hong Kong Exchanges and Clearing Limited，HKEX）等。每一个市场都有其独特的历史、特点和规则，并对全球经济产生深远影响。了解这些主要金融市场的运作机制、特点及其在全球金融体系中的地位，有助于个体投资者更好地进行投资决策。

NYSE 是全球市值最大的证券交易所，位于美国华尔街，被誉为“全球金融中心”。自 1792 年成立以来，NYSE 一直是资本募集和财富创造的重要平台。该交易所秉持传统的场内交易方式，即在交易大厅内通过公开喊价进行交易，尽管近年来电子交易平台逐渐普及，客观地说，NYSE 的场内交易模式仍保留了非常明确的价格发现功能和交易透明度。NYSE 的另一个重要特征是其对信息披露和公司治理的严格要求，以维护市场的公平性和投资者的利益，对全球投资者具有重要吸引力。

NASDAQ 和 NYSE 是美国两个主要证券交易市场，但两者有着显著的不同。作为全球首个电子证券交易市场，NASDAQ 自 1971 年成立以来，率先采用电子交易系统，取代了传统的场内交易模式。这一创新使得 NASDAQ 在初创科技公司和高增长企业中非常受欢迎，因此 NASDAQ 素有“科技股重地”之称。事实上，全球最具代表性的科技巨头如亚马逊、脸书、谷歌母公司 Alphabet、特斯拉等，均在 NASDAQ 上市。NASDAQ 的电子交易系统提高了市场运行的效率，并提供了更便捷的交易条件和更广泛的市场参与机会。

LSE 是欧洲最大、最具影响力的证券交易所之一，成立于 1801 年。LSE 以其悠久的历史和全球化的定位，吸引了来自全球各地的企业和投资者。凭借其灵活的上市条款及其多样化的市场产品，LSE 为上市企业提供了广泛的选择。同时，LSE 是全球债券市场的重要一环，对债券市场定价具有显著影响。LSE 旗下汇集了众多金融服务企业、对冲基金和资产管理企业，这也推动了伦敦证券市场的繁荣，使得伦敦成为全球重要的金融中心。

TSE 是亚洲最具影响力的证券交易所之一，成立于 1949 年。TSE 不仅是日本经济的晴雨表，也对全球投资者产生了重要影响。TSE 主要包括主板市场和二板市场，前者主要是大型成熟企业，后者则吸引创新型科技企业和中小企业。TSE 拥有严格的上市标准和监管机制，以确保市场的公正性和透明度。由于日本经济在亚洲乃至全球的地位，TSE 吸引了大量来自全球的投资资金，使得该市场在全球金融体系中占据着重要位置。

上海证券交易所和深圳证券交易所是中国两大主要证券交易所，成立于 1990 年。随着中国经济的快速增长，这两大交易所迅速崛起，成为全球投资者的重要关注点。特别是上海证券交易所，作为中国最具代表性的资本市场，其市值在近年来迅速攀升，已成为位居全球市值前列的证券交易所之一。此外，深圳证券交易所因其对科技创新型企业的大力支持，孕育了大批具备高成长型的企业。两大交易所在促进中国资本市场全球化进程以及吸引国际投资方面发挥了至关重要的作用。

HKEX是连接中国资本市场和全球市场的重要枢纽。作为全球最自由、最具开放性的证券交易所之一，HKEX拥有完善的法治环境和高透明度的市场机制，吸引了大批全球知名企业前往香港上市。得益于其良好的监管框架和市场环境，HKEX不仅在股票交易方面表现出色，在衍生品、债券市场等方面也有很强的竞争力。近年来，随着“沪港通”“深港通”等互联互通机制的实施，HKEX更加紧密地连接了中国市场与国际资本，进一步提升了其国际影响力。

三、金融市场的功能与作用

金融市场是现代经济体系的重要组成部分，它在资源配置、风险管理和经济发展方面起到了至关重要的作用。详细探讨金融市场的功能与作用，可以从多个层面加以分析，包括资金筹集与投资、风险分散与管理、价格发现与信息传递、资源配置与经济增长等方面。

金融市场为企业、政府和个人提供了筹集资金的渠道。企业通过发行股票、债券等金融工具可以获得所需的资本，支持其扩展生产、科研开发和市场拓展等活动。对于政府而言，金融市场为其筹集财政资金提供了便利，使得公共基础设施建设、社会福利计划得以顺利进行。对于个人投资者而言，金融市场提供了多样的投资品种，使其通过购买股票、债券、基金等，实现资产的保值增值。在这一过程中，资金供需双方通过金融市场的通道实现了有效连接，推动了社会整体经济的繁荣。

金融市场在风险管理和分散方面起到了关键作用。在经济活动中，风险无处不在。企业面临运营风险、市场风险、信用风险、流动性风险等多种风险，个人投资者同样面临收入风险、资产风险等。通过金融市场，投资者可以选择不同种类、不同期限和不同收益特征的金融产品，进行风险的分散和管理。比如，通过组合投资，个人投资者可以有效地降低单一资产的风险暴露，同时，金融衍生工具如期权、期货、掉期等也提供了多种规避风险的手段和策略，使得投资者能够较好地应对市场波动。

价格发现是金融市场的另一重要功能。在金融市场中，众多投资者根据自己的信息和判断进行交易，金融资产的价格通过供需双方的博弈逐步形成。价格不仅反映了当前市场的供需状况，还传递了关于未来市场预期的信息。这种价格信号对投资者决策具有重要的指导意义，可以帮助企业和个人进行更为理性的投资和融资决策，从而更好地配置资源。价格发现功能的实现依赖市场的广泛参与和信息公开透明，因此，金融市场的健康运作需要有效的市场监管和完善的法律体系。

金融市场在资源配置方面发挥着不可替代的作用。通过市场机制，资金能够从资本供给者流向资本需求者，那些有更高回报潜力、管理领先的企业，往往能获得更多的资金支持。这种优胜劣汰的市场机制，有助于提高社会整体资源的利用效率，推动技术进步和产业升级。同时，创新企业和成长型企业通过金融市场获得风险投资和股权融资，能够迅速崛起，推动经济结构调整和升级，提高经济增长质量。

推动经济增长是金融市场的终极目标。金融市场通过有效的资金筹集和配置，支持了企业的发展和扩张，提供了大量的就业机会和社会财富。从宏观经济看，稳定而高效的金融市场可以促进资本形成，提高全社会的生产效率，增强国家的经济竞争力。此外，金融市场的跨境联通和国际化发展，打破了国内资本和市场的限制，促进了国际贸易投资和资本流动，对于推动全球经济一体化具有重要作用。

现代金融市场还具备提升金融服务多样性和满足多元化金融需求的重要功能。随着科技进步和金融创新的发展，金融市场上出现了种类繁多的金融产品和工具，以满足社会各阶层、各领域的不同风险偏好和收益需求。例如，个人投资者可能偏好低风险的债券和基金，而风险承受能力较高的机构投资者则可能偏好股票、期权等高风险高收益的产品。通过丰富多样的金融产品和服务，金融市场不仅满足了不同投资者的多样化需求，也提升了市场的深度和广度，增强了金融体系的整体稳定性。

金融市场的高效运作需依赖良好的市场制度和稳健的监管体系。完善的市场规则和法律制度保障了金融市场的公平、公正和透明，维护了投资者的合法权益，有助于吸引更多的资金进入市场，推动市场健康发展。在此过程中，金融监管机构通过监管法规和调整政策，防范和化解金融风险，促进市场稳定和金融安全。这一系列措施，为实现金融市场的功能和作用提供了坚实保障。

四、金融市场的监管与法律框架

在金融市场中，监管与法律框架起着至关重要的作用。这些机制的存在旨在维护市场秩序和稳定，同时保护投资者的利益，预防和惩治金融犯罪。

金融市场的监管机构是保证市场正常运作的基石。在国际范围内，主要国家和地区均建立了不同层级的监管机构，这些机构根据国家法律，在特定的范围内对金融市场进行监督和管理。例如，在中国，中国证券监督管理委员会担起了对证券期货市场的监督职责；在美国，美国证券交易委员会肩负着保护投资者，维护公平、高效和有序市场的任务。

监管的首要任务是确保市场的透明度和公平性，使所有参与者在同一规则下进行交易。透明度是市场健康运行的关键，监管机构通过强制信息披露、审核上市企业财务报告、检查市场交易行为等方式来实施这项任务。这保证了投资者和市场所需的信息对称，减少了信息不对称带来的风险。一项重要的规定是上市企业必须定期披露财务报告，包括年度报告、半年度报告以及季度报告。这些报告务必全面、真实、准确地反映企业的财务状况和经营成果，任何掩盖或篡改行为都可能导致严厉的法律制裁。

公平性是市场健康运行的另一项重要原则，监管机构通过审核新上市企业的资格、监控市场内的交易行为、打击内幕交易和市场操纵等手段来确保公平。这涉及对交易者行为的监控和分析，尤其是对异常交易的早期识别和干预。例如，内幕交易是指掌握非公开信息的内部人士利用这些信息进行股票买卖，从而获取不正当利益。为了打击这种行为，监管机构会要求上市企业和相关方密切监控信息流通，并设立专门的举报渠道。

监管机构还负责制定市场规则和法律法规，并对市场的健康运行进行指导和监督。一方面，规则和法律的制定要与时俱进，紧跟金融市场的发展和变化。另一方面，监管也需要灵活和创新，应对市场中的新问题和新挑战。金融科技的快速发展带来了更多的金融创新和更复杂的市场结构，监管机构必须在保护投资者和促进金融创新之间找到平衡。例如，近年来，随着区块链技术和加密货币的兴起，传统的监管框架受到挑战，监管机构必须探索新的监管模式，以应对这一变化。

除了国内监管，各国之间还存在跨国合作的需求。国际金融市场的发展使得资本流动更加频繁，监管仅限于一国之内已不再足够。为了有效应对跨境金融活动的风险，国际监管合作变得尤为重要。国际组织，如国际证券事务监察委员会组织（IOSCO）、金融行动特别工作组（FATF）等，逐渐成为制定全球金融监管标准的平台。通过这些组织，各国监管机构可以分享信息、协调行动，共同应对一系列跨国金融犯罪问题。

为了保护投资者的合法权益，法律法规对违法违规者设立了严厉的处罚措施。这不仅包括经济上的处罚，如罚款和赔偿，还可能涉及司法层面的责任追究，包括刑事责任。通过这些惩罚措施，市场的诚信得以维护，投资者的信心得以增强。举报制度作为法律框架的一部分，也为投资者提供了一个维护自身权益的重要途径。

金融市场的违规行为种类繁多，除上述提到的市场操纵和内幕交易外，还包括虚假陈述、利益冲突、未授权交易等。对此，法律有明确的界定和处理程序。例如，虚假陈述是指市场参与者通过编造虚假信息误导投资者，导致投资者作出错误的投资决策。根据法规，这种行为不仅会导致民事责任，要求违规方进行赔偿，还可能导致刑事责任，一旦证实违规者故意实施此类行为，相关人员可能面临牢狱之灾。

除了对违法行为进行惩罚，监管机构还经常通过日常检查和年度审计等预防性措施来防范风险。根据不同市场的特点，监管机构会设置不同的审查项目，重点关注市场中潜在的系统性风险。特别是在大型金融机构，监管的审核更加严格。从合规管理到内部控制和风险管理体系，监管都会涉及。这是为了确保这些机构能够有效应对市场波动，并保证它们的经营不会对市场的整体稳定造成不利影响。

五、金融市场的发展趋势

金融市场的发展趋势是金融世界的重要课题之一，是学术界和实务界不断探讨的重点方向。随着全球经济的不断变化、科技的迅速进步以及投资者需求的多样化，金融市场的发展趋势也呈现出多种特点。以下从多个方面详细阐述金融市场的发展趋势，以提供全面而深入的理解。

全球化的趋势在金融市场中越发明显。全球化使得资本流动更加自由，国际的资本流动大大增强。金融市场的全球化不仅体现在资本流动的增强，还体现在跨国金融机构的崛起与发展，跨国并购活动频繁，国际金融市场之间的联系愈加紧密。这种趋势为投资者提供了更多的投资选择，但同时也增加了风险，因为全球金融市场的联动性更强，任何一个国家或地区的金融波动都可能迅速传导至其他国家或地区。

技术进步对金融市场的发展产生了深远的影响。金融科技的兴起，不仅革新了传统金融业务模式，也推动了新兴金融产品与服务的发展。区块链技术、人工智能、大数据和云计算等先进技术的应用，使得金融交易更加高效、透明，风险管理更加精准，投资决策更加智能。例如，区块链的分布式账本技术极大地提升了交易的安全性和透明度，使得跨境支付和交易成本显著降低；人工智能和大数据分析则可以通过处理海量信息，挖掘出隐藏的投资机会和潜在的市场风险，为投资者提供科学的决策支持。

金融市场呈现出不断创新与走向复杂的趋势。金融衍生品、对冲基金、私募股权等新型投资工具和机构不断涌现，金融市场的产品种类和投资策略日趋多样化与复杂化。衍生品市场的发展体现了金融市场的创新能力，这些产品不仅服务于避险需求，还为投机和套利提供了丰富的工具。然而，金融市场的复杂性也对投资者提出了更高的要求，需要他们具备更丰富的专业知识和更强的风险识别能力。

监管环境的变化也是金融市场发展的重要趋势之一。2008 年全球金融危机之后，世界各国纷纷加大了对金融市场的监管力度，目的是防范系统性金融风险，保护投资者利益。随着金融市场的不断演变，监管政策也需持续调整和优化，以适应新的市场环境和挑战。金融科技的发展也引发了新的监管需求，例如，如何监管加密货币交易、依托人工智能的投资顾问等问题，这些都是监管机构面临的新挑战。

ESG 投资［一种融合环境（Environment）、社会（Social）和治理（Governance）考量的投资方法］的兴起，反映了投资者对可持续发展理念的重视。这一趋势不仅影响企业的融资行为，还改变了资本市场的投资结构。越来越多的投资者开始考虑环境、社会和治理因素，相关标准逐渐成为机构投资者和基金管理的参考依据。这不仅是社会责任的体现，也利于发现并促进具有长期发展潜力的企业和项目。

人口结构的变化和经济发展的不平衡也在深刻影响金融市场的走向。人口老龄化趋势在很多国家日益明显，这一现象带来了养老金体系压力，并影响金融市场的投资偏好和资产配置。与此同时，新兴市场经济体的崛起，也为全球资本流动提供了新的增长点和机会，这些国家的现代化、城市化和财富积累，为金融市场注入了新的活力。

全球政治环境的变化，同样对金融市场的发展产生了深远影响。地缘政治风险、贸易战、国际制裁等因素不仅引发短期市场波动，还对长期市场结构产生重大影响。投资者在进行国际投资时，需特别关注政治因素对市场的影响，以期规避不确定性的风险。

社会心理和行为金融学的兴起，也为金融市场注入了新的研究视角和实践方法。投资者的行为和心理因素，如认知偏差、过度自信和从众效应等，对市场价格和波动性产生了重要影响。理解和掌握行为金融学的原理，可以帮助投资者更好地作出理性决策，避免不必要的投资损失。

第二节　投资工具与产品

一、股票与债券

股票与债券是两种主要的投资工具和产品，它们在金融市场中占据重要位置。两者尽管都是证券，但在性质、功能以及风险和收益特征上存在显著差异。下面将详细阐述股票与债券的概念、特点及其投资价值，以帮助读者更好地理解和选择适合自身的投资工具。

股票代表了企业所有权的一部分，购买股票即意味着投资者成为企业的部分所有者。企业发行股票是为了募集资本，支持其业务发展和扩展。股票持有人有权参与企业的重大决策，如企业董事会选举和其他重要投票事项。股票根据其性质可以分为普通股和优先股。普通股持有者有权参加股东大会并行使投票权，但在企业清算时，他们的索偿权位于债权人和优先股持有者之后，因此相应风险较大。优先股持有者通常没有投票权，但在企业盈利分配和剩余资产分配时享有优先权，他们比普通股持有者更优先领取红利，并且在企业破产清算时，其剩余资产的索赔也优先于普通股持有者。

股票投资的回报主要来源于股息分配和资本增值。股息是企业定期向股东分配的盈利部分，这种收益形式在一些稳健经营的企业尤其常见。而资本增值则是指股票价格上涨带来的收益，这类收益在高增长企业中十分显著。然而，股票的价格受到市场供求关系、企业业绩、宏观经济环境、政治因素等多种因素的影响，波动性大，因而投资风险较高。

相较于股票，债券是一种较为保守的投资工具。债券是政府、企业或其他机构为了筹措资金而发行的债务凭证。债券有多种类型，如政府债券、企业债券、金融债券、市政债券等，购买的债券到期后，发行者将按票面价值还本付息。通常，政府债券被认为具有最高的安全性，这是因为政府具有征税权力和较高的信用，但其收益率相对较低。企业债券则因其发行主体的经营状况和信用评级不同，收益率和风险也有所差异。

债券的投资回报主要源于利息收益，利息支付可以是定期的，也可以是一次性支付。另外，债券价格也会随市场利率和信用评级的变化而波动，因而也存在资本增值或贬值的可能性。例如，当市场利率下降时，已发行的高息债券就会因其较高的利息吸引力而价格上涨，反之亦然。尽管债券价格会有波动，但相较于股票，其波动性一般较小，投资风险相对较低，特别适合希望获得稳定收益并能承受较低风险的投资者。

股票和债券的比较能够更清晰地说明两者的突出特点及适用情况。股票投资的主要吸引力在于潜在的高回报，其市场价格波动性较大，适合风险承受能力较强、长期收益预期较高的投资者。股票的选择需要深入研究发行企业的业务状况、行业前景、市场环境，并密切关注宏观经济和政策变化。对于债券投资者来说，尽管未来收益较为固定和明确，但需关注发行主体的信用风险以及市场利率变化对债券价值的影响。信用评级较高的债券通常较为安全，而高收益率债券则往往伴随着较高的信用风险。

在实践中，投资者通常会根据自身风险承受能力和收益预期合理配置股票与债券的比例。在“资产配置”策略中，适当的股票与债券比例可以在追求较高收益的同时分散风险，降低整体投资组合的波动性。一些保守型投资者倾向于选择高比例的债券，以确保本金安全及固定收益；而风险偏好较高的投资者则可能选择更高比例的股票，以追求资本的快速增值。资产配置的比例还应根据市场状况、个人财务目标和生命周期阶段的变化进行动态调整。

投资股票和债券时需特别注意分散化原则。单一股票或债券的巨大波动都会对投资组合产生显著影响，因此，分散投资多个标的，能有效降低系统性风险。投资股票可通过投资不同企业、行业和国家来实现分散化，投资债券则可以通过选择不同期限、不同信用评级和不同发行主体来实现。

二、共同基金与交易所交易基金

共同基金与交易所交易基金（Exchange Traded Fund，ETF）是现代金融市场上深受个体投资者青睐的两种投资工具。它们不仅提供了多元化投资选择，还简化了个人理财的复杂过程，减轻了初次进入市场投资者的心理与操作负担。在理解共同基金和 ETF 的过程中，投资者可以更好地认识和评估这些工具在不同情境下的优缺点，以优化自己的投资策略与决策。

共同基金是一种由众多投资者集合起来的资金池，由专业投资经理负责管理。投资者购买共同基金的单位，即成为基金的持有人，这些持有人的资金被合并起来用于购买一组证券，如股票、债券或其他市场工具。该基金的表现取决于其持有的各类资产的表现。共同基金按管理方式可分为主动型基金和被动型基金。主动型基金的投资经理会根据市场分析、投资策略及研究报告进行资产配置和市场操作，力求获取超过市场平均水平的回报。而被动型基金则通常跟踪某一特定指数，其目标是复制该指数的表现，如标普 500 指数基金，投资于标普 500 成分股以达到与该指数一致的表现。

共同基金的优势主要体现在专业管理和多样化投资上。基金中的资产由经验丰富的基金经理进行挑选和管理，投资者无须逐个进行资产研究和市场分析，从而节省了时间和精力。此外，通过投资一组广泛多样化的资产，共同基金能够有效分散风险。当某一单个证券表现不佳时，其他证券的良好表现可以部分或全部抵消其负面影响。然而，共同基金也存在一定的缺陷和局限。首先是费用问题。由于需要支付专业基金经理的管理费和运营成本，共同基金通常会收取较高的管理费用和销售费用。其次是共同基金的流动性相对较差，投资者通常只能在交易日结束后的基金净值的基础上进行买卖，难以进行盘中交易。

ETF 类似共同基金，由一篮子证券组成。但与共同基金不同的是，ETF 在证券交易所挂牌交易，投资者可以像买卖股票一样在交易所内自由买卖 ETF。ETF 在结构上可以分为指数型 ETF 和非指数型 ETF。指数型 ETF 旨在复制特定市场指数的表现，如标普 500 ETF 追踪标普 500 指数的表现。非指数型 ETF 则可能有更积极的投资策略或涵盖一些特殊的投资领域，如行业或主题 ETF。

ETF 具有一些显著的优点。首先，ETF 的持有人可以在交易时间内随时买卖 ETF 交易单位，与股票交易类似，这使得 ETF 具有较高的流动性。其次，ETF 的管理费用通常低于共同基金，因为许多 ETF 是被动型管理，追踪特定指数，因此管理成本较低。不仅如此，ETF 价格透明，可以在市场上实时查阅其交易价格和净值。最后，ETF 的税务效率相对较高。因为 ETF 能以“换股”的方式进行调仓，较少触发资本利得税，使得投资者可以推迟税务负担。同时，ETF 也存在一些限制，如 ETF 可能存在交易佣金，尤其是对于频繁交易的投资者来说，这笔费用可能会积少成多。

在选择共同基金还是 ETF 时，投资者需要权衡多种因素。例如，在考虑投资目标时，主动型共同基金可能更适合那些希望获得超额收益的投资者，而被动型基金和 ETF 则更为适合那些希望跟随市场平均回报的投资者。在流动性需求方面，如果投资者需要频繁买卖投资品种或想在一天内进行交易操作，ETF 无疑是较为理想的选择。尽管投资于共同基金或 ETF 都有助于实现多样化，但具体选择哪一种工具还需考虑投资者自身的风险承受能力和投资周期等因素。

投资者在选择共同基金还是 ETF 时，还应当仔细研究各基金或 ETF 的具体内容。例如，基金或 ETF 的投资组合、管理团队、历史业绩、费用结构以及市场声誉等。细致的研究可以帮助投资者作出更加科学和明智的投资决定。此外，也应当密切关注宏观经济环境、市场趋势及相关法规政策的变化，这些因素都会对共同基金和 ETF 的表现产生重要影响。

三、期货与期权

期货与期权是金融市场中重要的衍生产品，它们在投资策略中扮演着至关重要的角色。期货与期权的特点和运作机制，使其成为投资者进行风险管理、对冲和投机不可或缺的工具。深入理解这些金融工具，能够帮助投资者更好地制定投资策略，提高资产配置的效率。

期货是一种标准化的合约，合约双方约定在未来某一特定日期按照预先确定的价格买卖特定数量的标的物。期货合约的标准化体现在其交易产品、规模、交割日期等，这些都是由交易所统一规定的。这种标准化有助于提升流动性和透明度，同时也为投资者提供了公平的交易平台。期货市场参与者可以利用期货合约进行投资，也可以用来锁定未来价格以对冲现货市场的风险。例如，农产品生产者可以通过出售期货合约锁定销售价格，从而保护自己免受价格波动的影响。

与期货类似的是期权，期权赋予持有者在未来某一日期以固定价格买卖标的物的权利。期权的独特之处在于，它是一种权利而不是义务，即期权购买者可以选择行使或不行使该权利。期权分为两类：看涨期权和看跌期权。看涨期权赋予持有者以一定价格购买标的物的权利，而看跌期权则赋予持有者以一定价格出售标的物的权利。期权买卖双方构成了一个零和博弈，期权买方支付期权费获得该权利，而期权卖方则通过收取期权费承担相应的义务。

期货和期权在投资中的运用各有特点。期货合约因其双向性质，即买方必须在合约到期时履约，具有较高的风险和杠杆效应，适合那些有较强风险承受能力的投资者。期权则因其给予持有者选择权，风险相对较低，期权买方的最大损失仅限于支付的期权费，而期权卖方则承担了较高的风险。因此，期权适合那些希望利用杠杆而又不愿承担无限风险的投资者。

期货与期权市场的参与者主要分为两类：套期保值者和投机者。套期保值者通过在期货或期权市场建立与其现货市场头寸相反的头寸来对冲价格波动风险。例如，航空公司可以通过买入原油期货在市场波动时确保燃油成本的稳定。而投机者则通过承担价格波动风险，希望从价格变动中获利。期货和期权为这些不同需求的市场参与者提供了灵活的工具，使其能够在对冲和投机之间找到平衡。

在实际操作中，期货与期权交易离不开市场的价格发现功能。通过集中竞价交易，期货和期权市场可以有效地反映市场对某一标的物未来价格的预期，从而为投资决策提供重要参考。投资者在进行期货与期权交易时，通常需要结合基本面分析、技术分析等多种方法来判断市场趋势。基本面分析包括对宏观经济形势、行业发展前景、企业财务状况等因素的透彻研究，技术分析则主要依赖价格走势、交易量等技术指标。

值得注意的是，期货与期权交易中存在一些特有的风险，如杠杆风险、流动性风险和市场风险等。期货交易通常涉及较高的杠杆，即投资者只需支付一定保证金就可以控制大额合约，这既放大了收益也放大了风险。一旦市场走势与预期相反，投资者可能面临巨额亏损。在期权交易中，尤其是期权卖方面临无限损失的风险，尽管其最大收益仅限于所收取的期权费。

市场对期货和期权的流动性和价格波动性都有很高的要求。流动性好的市场可以保证投资者能够迅速买入或卖出合约，而不会对价格产生太大的影响。而流动性差的市场，投资者可能会面临较高的买卖价差，增加交易成本。价格波动性也是影响期货与期权定价和交易成本的重要因素，波动性越大，期权的价格通常也越高。

对于个体投资者来说，参与期货和期权交易需要有较高的专业知识和风险管理能力。投资者应充分了解每一种金融工具的特性和风险，合理配置投资组合，控制风险水平。同时，投资者还应关注交易所和监管机构的规定，以确保合规操作。在选择具体的期货或期权品种时，投资者需要综合考虑市场行情、个人风险承受能力和投资目标。通过科学的分析和决策，投资者可以在期货与期权市场中找到适合自己的投资机会，实现资产的保值增值。

在实践中，期货和期权为投资者提供了丰富的策略选择。例如：期权组合策略如牛市价差、熊市价差、蝶式价差等，可以帮助投资者在不同市场条件下获取收益；期货跨期套利、跨品种套利等策略，也可以通过捕捉市场间的价差来实现盈利。这些策略的运用需要投资者具备较高的专业素养和丰富的实战经验。

四、其他投资工具

在投资市场中，除了一些常见的投资工具和产品，如股票、债券、基金等，仍然存在其他多样化的投资工具，它们为投资者提供了更多选择，可能更适合特定的风险偏好和投资目标。了解这些其他投资工具、掌握其特点和适用范围，可以有效提高投资者的资产配置效率，更好地实现财务目标。

外汇投资是一类重要的其他投资工具，即投资不同国家的货币，通过货币间的汇率变动获取收益。这种投资方式具有全球化、市场流动性高、24 小时交易等特点。因为汇率变化受多种因素影响，包括国家经济状况、政治局势、国际贸易、货币政策等，所以外汇市场波动性较大，投资风险也高。投资者需要具备丰富的国际宏观经济知识和敏捷的反应能力。此外，外汇市场的杠杆机制可以放大收益，但同时也会放大损失，须慎重运用。

大宗商品投资也是一种值得关注的工具。大宗商品包括能源类商品（如原油、天然气）、金属类商品（如黄金、银、铜）、农产品（如小麦、大豆、玉米）等。可以通过直接购买实物商品、期货合约或者大宗商品相关的金融工具（如 ETFs）来进行投资。大宗商品价格受供需关系、地缘政治、自然灾害和市场情绪等多种因素影响，具有一定的不确定性。投资大宗商品可以对冲通胀风险，作为组合中的一个分散化工具，以降低整体投资组合的波动性。

房地产投资涉及购买、拥有和管理不动产，以获取租金收入或资本增值。房地产市场具有相对的稳定性和保值性，同时不动产作为实体资产，相对抗风险能力较强。房地产投资的主要形式包括住宅地产（如公寓、别墅）、商业地产（如写字楼、商铺）、工业地产（如仓库、工厂）等。此类投资需要较多的初始资金投入，流动性较差，但长期持有可能带来稳定的现金流和资产增值。此外，房地产投资还包括房地产投资信托基金（REITs），投资者可以通过购买 REITs 份额，间接持有一部分高质量的地产资产，享受租金和资产升值带来的收益。

艺术品和收藏品投资包括绘画、雕塑、古董、珠宝、酒品等，属于一种较为特殊的投资形式。其收益主要来自艺术品升值和市场需求的变化，对于一些稀有的、有历史和文化价值的作品，可能获得较高的回报。然而，艺术品市场缺乏流动性和透明度，定价较为主观，需要投资者具有专业知识、鉴赏能力和长期的投资眼光。艺术品投资还具有文化积累和身份象征的功能，适合于有一定财力、热爱艺术和文化的人群。

保险产品，尤其是与投资相关的保险，如投连险、万能险等，也是一种投资工具。投连险（全称为投资连结保险）将保险保障和投资功能相结合，保费的一部分用于购买保险，另一部分用于投资不同的投资账户，根据投资收益情况，保户的账户价值也会发生变化。万能险则提供最低的收益保证，其资金灵活度较高，可以根据不同的风险偏好选择不同的投资组合。这些产品不仅能够提供保险保障，还能实现财富增值和资产保全的目的，但其费用较高、结构复杂，投资者需详细了解产品条款、收费结构及其投资策略。

加密货币是一种近年来备受关注的新兴投资工具。加密货币通过区块链技术实现去中心化的交易和管理，具有高流动性、高波动性和高收益潜力。但加密货币市场尚未完全成熟，法规不明确，容易受到市场操纵、技术漏洞、政策变动等多种因素影响，投资风险极高。对加密货币感兴趣的投资者，应具备相应的技术知识和风险承受能力，谨慎参与。

此外，投资工具还包括如私募股权投资（Private Equity，PE），即投资未上市企业的股权，通过企业成长过程中的资本增值获取收益。私募股权投资周期长、风险高，但回报潜力大。风投（Venture Capital，VC）类似私募股权，但主要集中于初创企业和高成长型企业，风险和收益均较高。对这类投资工具，有专业知识的投资者可考虑小比例配置，用于追求较高回报。

第三节　投资的风险与回报

一、风险的基本概念及分类

风险是投资过程中不可避免的因素，是指由于各种不确定因素的影响，投资收益偏离预期收益的可能性。投资风险不仅仅是指投资者可能蒙受损失，还包括收益不如预期那么高的可能性。理解并管理投资风险是任何投资行为中至关重要的一部分。投资者需要具备识别、评估和管理风险的能力，从而在实现回报的同时，降低潜在损失。

风险的来源多种多样，主要包括市场风险、信用风险、流动性风险、通胀风险、利率风险、汇率风险和政治风险等。

市场风险是指由于市场价格波动导致投资收益不确定性的风险。股票市场、债券市场、房地产市场等各类市场的价格波动均会产生市场风险。市场价格受供求关系、经济周期、行业发展等多种因素的影响，因此市场风险是投资者面临的主要风险之一。

信用风险又称违约风险，是指债务人无法按时履行偿还义务，导致投资者遭受损失的可能性。在信用市场上，企业债券、政府债券、金融机构贷款等均可能面临信用风险。投资者需要通过评估债务人的信用等级、偿付能力和财务状况来管理信用风险，合理地分散投资以降低损失。

流动性风险是指投资者无法迅速地将资产转换为现金，或者转换时价格大幅下降的风险。一些投资工具，如房地产、非上市公司的股份、部分债券等，具有较低的流动性。投资者应把握好流动性的平衡，既要确保资产在需要时能够变现，又要避免因过于追求流动性而降低总体收益。

通胀风险是指由于物价水平持续上升，货币实际购买力下降，导致投资实际收益降低的风险。在通货膨胀时期，现金及现金等价物的实际价值会减弱，而某些资产如股票、房地产等则可能因通胀而保值甚至增值。因此，投资者应考虑通货膨胀对投资组合的影响，通过配置防通胀资产来对冲这一风险。

利率风险是指由于市场利率波动影响投资收益的风险。利率上升可能导致债券价格下跌，从而使债券投资者蒙受损失；同样，利率下降则可能提升债券价格，使债券投资者获利。此外，利率变化还会影响企业融资成本和利润水平，进而影响股票市场。因此，投资者需要关注宏观经济环境和货币政策的变化，适时调整投资策略。

汇率风险主要涉及跨国投资，是指由于汇率波动导致的投资收益不确定性的风险。在全球化的背景下，投资者参与国际资本市场的机会增多，汇率波动会直接影响投资的实际回报。例如，投资者持有外国企业的股票或债券，当该国货币贬值时，投资者在兑换回本国货币时，可能会遭受损失。因此，投资者需考虑汇率风险，并采取对冲工具如外汇期权、远期合约等进行风险管理。

政治风险包括政府政策变化、政治局势不稳定等因素对投资带来的不确定性。政治风险主要影响跨国投资，特别是在新兴市场或不稳定地区进行投资时，政治风险尤为显著。投资者需要评估投资地区的政治环境、法律法规和政府政策的稳定性，通过分散投资和选择可靠的合作伙伴来降低这一风险。

除了上述主要风险，投资者还需关注行业风险、企业风险和操作风险等。行业风险是指由于行业特有的因素，如技术变革、市场需求变化等，影响某一行业整体绩效，进而波及投资的风险。企业风险是指因为单个企业自身的管理状况、经营绩效和财务状况等因素造成的投资风险。而操作风险则来源于人的失误、系统故障或管理漏洞等因素，导致投资损失的可能性。

在实际投资过程中，投资者需要综合运用多种风险管理工具和策略。首先，资产配置是管理风险的基础策略，通过分散投资不同类型、不同地区和不同市场的资产，降低单一资产或市场风险的影响。其次，投资者可以使用对冲工具如期货、期权等金融衍生工具，锁定未来价格，减少价格波动的风险。最后，建立科学的投资决策模型和监控体系，制定严格的投资纪律和操作流程，能够有效防范和应对各类风险。

二、投资的预期回报

投资的预期回报是投资过程中不可忽视的一个重要概念。它不仅衡量了投资者在某一特定资产或投资组合上未来可能获得的收益，而且在很大程度上影响了投资者的决策和风险承受能力。预期回报的计算和分析需要综合考虑多种因素，包括市场条件、经济环境、企业业绩、历史数据和投资目标等。理解和掌握投资的预期回报，有助于投资者在作出决策时能够更加理性和全面地评估投资机会与潜在风险。

预期回报通常通过多种方式来估算。历史数据是其中的一个关键因素。通过对某一特定资产或投资组合过去一段时间的收益进行统计和分析，可以得到一个平均收益率，这就是历史平均回报率。虽然历史数据不能完全代表未来，但它提供了一个相对可靠的参考基础。历史平均回报率不仅能反映出资产在不同市场环境下的表现，还能揭示出资产的波动性和稳定性。

风险调整后的预期回报是投资者需要特别关注的指标。简单的预期回报率并不能完全反映投资的真实价值。因为不同的投资品种具有不同的风险水平，高风险的资产预期回报率可能很高，但伴随的波动性和亏损的潜在性也较大。为了更准确地评估投资价值，投资者往往使用风险调整后的回报率，如夏普（Sharp）比率可以用来衡量每单位风险所获得的超额回报。夏普比率将预期回报与无风险利率以及投资的标准差相结合，使得投资者可以更直观地比较不同投资品种的风险收益情况。

资本资产定价模型（Capital Asset Pricing Model，CAPM）法是一种常用来预测投资预期回报的方法。CAPM 法假设投资市场有效，投资者理性并寻求最大化收益。根据这一模型，预期回报可以通过风险资产的贝塔值和市场组合的预期回报率来计算。贝塔值反映了资产相对于整个市场的风险水平，贝塔值越高，资产的系统性风险越大，其预期回报也相应增加。通过 CAPM，投资者可以得出一个理论上的预期回报值，并用于投资组合优化和决策。

预期回报还受到经济环境和市场趋势的影响。宏观经济指标如 GDP 增长率、通货膨胀率、利率水平和失业率等，都会对投资回报产生重要影响。例如，在经济快速增长时期，企业盈利能力增强，股市表现通常较好，相应的预期回报较高。而在经济衰退期，市场波动性加大，投资风险上升，预期回报可能会降低。政治稳定性、政策变化、国际贸易状况等外部因素也同样不可忽视。预测和分析这些宏观经济环境，对有效评估投资的预期回报具有非常重要的意义。

投资者个人的风险偏好和投资目标也在预期回报的评估中扮演着关键角色。对于风险厌恶型投资者，他们更倾向于选择稳定、安全的资产，尽管预期回报较低，但风险也相对可控。反之，风险偏好型投资者愿意承担更高的风险，以追求潜在的高回报。因此，不同的投资策略会导致不同的预期回报。投资者应根据自身的财务状况、风险承受能力和投资期限等因素，制订合适的投资计划。

预期现金流折现模型（Discounted Cashflow Model，DCF）法是另一种计算投资的预期回报的常用方法。DCF 法通过对未来可能产生的现金流进行估算，并按照适当的折现率折现得到净现值，从而评估投资的现有价值。DCF 法广泛应用于股票和企业价值评估，通过对未来现金流的预测，使投资者能够得出更为准确的预期回报。

市场情绪和心理因素也是影响预期回报的重要变量。投资者的情绪波动、市场传言、重大事件、投资群体的非理性行为等，都会对资产价格产生短期影响，从而影响预期回报。行为金融学揭示了很多投资者的非理性决策和市场异常现象，理解这些心理因素，可以帮助投资者更好地应对市场波动，制定更加理性的投资策略。

强化自身的专业知识和技能，对于提高预期回报的准确性也至关重要。通过阅读专业书籍、参加培训课程、跟进市场动态以及利用专业的投资分析工具，投资者可以不断提升自身的分析和决策能力。在进行投资分析时，运用数学和统计学方法，对各种可能性进行深入探讨，从而得出更加可靠的预期回报。

预期回报的准确性还与信息获取的及时性和全面性密切相关。随着互联网技术的发展，信息的获取变得更加便捷和高效。专业的金融资讯平台和数据服务提供商，可以帮助投资者迅速获取市场信息和研究报告，从而作出更加明智的投资决策。

三、风险和回报的关系

风险和回报的关系是投资领域中最基本且最重要的概念之一，对于个体投资者而言，理解这一关系不仅能够帮助他们进行更有效的投资选择，还能为他们在不确定条件下作出更明智的决策奠定基础。在投资过程中，风险与回报之间存在一种正相关的关系，即高风险通常伴随着高回报，而低风险则通常意味着低回报。这种关系揭示了投资者在追求高回报时所必须面对的潜在风险，也指出了风险规避者在期望稳定收益时所面临的回报限制。

风险可以理解为投资结果的不确定性，即实际收益可能偏离预期收益的程度。投资的风险主要分为系统性风险和非系统性风险。系统性风险是市场整体波动所带来的风险，无法通过分散投资完全消除，如经济周期波动、利率变化、通货膨胀等。非系统性风险则来源于个别企业或行业的特定因素，通过适当地分散投资可以减少这类风险，如企业的经营风险、管理风险、财务状况等。理解风险的来源并能够识别风险类别，对于个体投资者来说是至关重要的，因为这能够帮助他们制定相应的投资策略，从而更好地控制投资组合的风险水平。

回报则是投资者在一定时期内通过投资所获得的收益，通常表现为资本增值、股息或利息收入等。投资回报的大小受多种因素影响，其中包括市场状况、经济环境、企业的经营绩效以及投资者的投资策略。对于个体投资者而言，期望回报的大小直接决定了其所能承受的风险程度。他们需要在高风险高回报和低风险低回报之间找到一个平衡点，以实现自己的投资目标。

风险与回报的关系还可以通过经典的 CAPM 来进行分析。根据 CAPM 理论，资产的预期回报率等于无风险利率加上市场风险溢价乘资产的贝塔系数。贝塔系数衡量的是资产相对于整个市场的波动程度，贝塔系数越高，意味着该资产的系统性风险越大，因而要求的回报也越高。由此可见，资本市场上的投资者在选择投资资产时，需要依据其风险水平来确定相应的回报要求。

不同投资品种具有不同的风险和回报特征。股票作为一种高风险高回报的投资工具，其价格容易受到市场情绪、企业业绩、经济政策等多方面因素的影响，因此波动性较大，但长期来看，股票市场的平均收益率通常高于其他投资工具。债券相对而言风险较低，但回报也低于股票，主要受信用风险、利率风险等影响。房地产投资具有一定的抗通胀能力且相对稳定，但存在流动性风险和市场波动的风险。对于个体投资者来说，合理配置不同类别的资产，既可以分散风险，又能在风险可控的前提下实现预期回报。

投资者的风险偏好对其投资选择有重要影响。风险偏好是投资者对风险承受能力和投资收益期望的综合反映，不同的投资者因其年龄、收入、财富状况、投资经验等因素，表现出不同的风险偏好。高风险偏好的投资者愿意在承受较大不确定性的同时，追求更高的投资回报。而风险规避型投资者则倾向选择稳定、低风险的投资工具，即使回报较低也关系不大。了解自身的风险偏好并在此基础上制定相应的投资策略，是实现投资目标的重要一步。

除了理论层面的分析，市场实际运作中的情况往往更加复杂。历史数据表明，股票市场的长期回报率相对较高，但短期内的波动性非常大，投资者需要忍受市场的剧烈波动，才能分享到长期收益。而债券和其他固定收益类资产尽管波动较小，但在通货膨胀较高的情况下，其实际购买力可能会受到影响。因此，投资者需要结合自身的投资期限、风险承受能力和财务目标，进行资产配置和动态调整，以应对市场的变化。

个体投资者应当在理解风险和回报关系的基础上，学会利用工具和方法来评估与管理投资风险。例如，可通过技术分析和基本面分析来判断个别证券的风险水平，通过分散化投资来降低非系统性风险，还可以借助衍生品如期权、期货等进行对冲和保护。此外，定期对投资组合进行回顾与调整，确保其风险与回报平衡符合预期目标，也是重要的风险管理手段。

四、历史回报分析

通过对不同资产类别、市场和时间段的历史回报进行研究，投资者能够获得宝贵的经验，从而在未来的投资中作出更为明智的决定。历史回报不仅仅是投资收益数据的简单叠加，更是一个综合考虑市场环境、经济周期、政策变化等多重因素的复杂过程。因此，深入理解历史回报分析有助于揭示投资风险和潜在收益，为个体投资者在不确定条件下的投资选择提供有力支持。

在开始分析历史回报之前，首先需要明确什么是回报。在投资领域，回报通常指的是投资者通过持有某一资产在一段时间内获得的收益或者损失。这一收益可以表现为收入，如股息、利息等，或者资本增值，即资产价格的上涨。回报率通常以百分比的形式表示，它不仅帮助投资者衡量投资的表现，还能在不同资产和不同时期之间进行比较。

分析历史回报需要收集大量的历史数据，包括股市指数、个股价格、债券利率、房地产价格和通货膨胀率等。这些数据往往分布于不同的时间维度，如日间、周间、月度、年度等。通过对这些数据进行系统化处理，投资者可以计算出不同资产在不同时期的平均收益率、波动率和其他统计指标。这些指标在一定程度上反映了资产的历史表现及其风险特征。

了解历史回报的一大重要原因是能够识别市场趋势。通过对长周期的回报数据进行统计分析，可以发现某些市场趋势和周期性模式。例如，股票市场的牛市和熊市交替出现，房地产市场具备周期性的繁荣与萧条，债券市场的表现受到利率政策的显著影响。这些规律虽然不能绝对预测未来，但是能帮助投资者掌握市场的脉搏，更好地应对可能的波动。

另一个重要原因是有助于构建投资组合的多样化。通过分析不同资产类别的历史回报，可以发现某些资产在特定条件下的表现优于其他资产。而且，不同资产之间存在一定的相关性，如股票和债券的回报常常成反向或弱相关关系。在进行资产配置时，通过构建多样化的投资组合，投资者可以有效降低整体投资的风险，从而实现相对稳定的回报。

历史回报分析也揭示了风险和回报之间的关系。一般而言，高回报往往伴随着高风险，这种现象在市场上被称为风险溢价。长期的数据研究发现，股票市场相比债券市场具有更高的历史回报率，但也承受了更大的价格波动风险。反之，债券和储蓄等低风险资产的回报相对较低，但它们提供了更稳定的收益。因此，投资者在进行历史回报分析时，须始终关注风险调整后的收益，即考虑风险因素后的真实回报水平。夏普比率等指标就是衡量这一风险调整回报的重要工具。

对于个体投资者来说，深入探讨历史回报还能帮助他们建立合理的预期管理。许多新手容易被短期市场波动迷惑，或者对某一热门投资品种产生过高的期望。通过对长期历史回报的研究和理解，投资者能更客观地看待市场表现，合理调节自己对投资收益的预期，避免因短期波动而产生的情绪化决策。

通货膨胀对历史回报的影响也不容忽视。通货膨胀导致货币实际购买力下降，因此名义回报需要进行通胀调整才能反映真实收益。例如，在高通胀时期，虽然资产价格名义上可能上涨，但经过通胀调整后，实际收益可能较为低迷。因此，在历史回报分析中，通胀率的变化及其对资产回报的影响是一个需要重点考虑的因素。

从宏观层面看，经济周期、政策变动、科技发展等一系列外部因素都会对历史回报产生重要影响。经济繁荣时期通常伴随着资产价格的上涨，而经济衰退或萧条则可能导致资产价值的骤降。政策变动如利率调整、税收变动、财政刺激等都会对资金流动性和资产回报产生深远影响。此外，科技进步带来的创新和变革往往在较长周期内塑造市场的新趋势。例如，在互联网时代，科技股在资本市场取得了显著回报，改变了传统价值投资框架。

通过对这些多重因素的综合考量和科学分析，历史回报分析不仅是对过去数据的总结，也是一种透过历史来看清未来的眼光。有效应用历史回报分析方法，个体投资者可以更全面、更深入地了解市场，构建更科学的投资策略，更好地应对未来的不确定性。

需要强调的是，历史回报分析虽然能提供有价值的参考和指导，但它并非没有局限性。历史数据的可获得性、数据质量、一致性问题等都可能影响分析的准确性。此外，历史回报不是未来收益的保证。市场环境、经济形势和人类行为都是动态和复杂的，未来可能会与过去大相径庭。因此，历史回报分析应与时俱进，结合最新的市场动态和前沿的投资理论，才能真正为投资决策提供科学依据。

第三章

不确定条件下的投资理论

第一节　现代投资组合理论

一、收益与风险的基本概念

收益与风险是现代投资组合理论的两个核心概念，是所有投资决策中不可或缺的要素。理解并掌握这两个概念对于个体投资者在不确定条件下进行科学合理的投资选择至关重要。

收益通常被视为投资在特定时期内的回报，它是投资者获取利润的主要动机。收益可以表现为资产价格的增长，投资标的带来的现金流（如股息、利息等），或者两者的组合。在具体投资情境中，收益一般用年化收益率来表示，以便于不同投资项目之间的比较。年化收益率是将投资的总收益按时间标准化，使得短期投资和长期投资具有可比性。

为了准确衡量收益，投资者不仅需要关注名义收益，还需要考虑实际收益。名义收益是指在未考虑通货膨胀情况下的收益，而实际收益则是扣除了通货膨胀影响后的收益。实际收益能更真实地反映投资者的购买力变化，如果一项投资的名义收益率很高，但通货膨胀率也很高，那么投资者的实际收益可能非常低，甚至为负。

收益的衡量还可以细化到不同层面。例如，绝对收益是投资某一标的所获得的整体回报，而超额收益则是相对于某一基准收益的超出部分。一个投资组合的收益，并非取决于单一资产的表现，而是所有资产综合表现的结果。另外，现代投资组合理论提出的一个关键概念是期望收益，它是所有可能收益的加权平均值，权重为每种收益状态出现的概率。

风险是收益的对立面，是投资中不可忽视的重要因素。风险是指投资收益的不确定性或波动性，即实际收益可能偏离预期收益的程度。在投资领域，风险一般用标准差或方差等统计量来衡量。标准差反映了投资回报率的波动性，标准差越大，意味着投资的波动性越强、不确定性越大。方差则是标准差的平方，同样用于衡量回报的波动幅度。

如前所述，投资风险可以分为系统性风险和非系统性风险。系统性风险是指由市场整体因素引起的风险，这类风险无法通过分散投资来完全规避。而非系统性风险则是特定于某个企业或行业的风险，这类风险可以通过构建多元化的投资组合来降低。降低非系统性风险是现代投资组合理论的重要目标之一，即通过资产多样化实现风险的有效分散，使得组合的总体风险低于单个资产的风险之和。

在具体的投资实践中，投资者常使用贝塔系数来衡量个股的系统性风险。贝塔系数表示的是个股收益相对于市场收益的波动程度。如果一只股票的贝塔系数大于 1，说明该股的波动幅度大于市场平均水平，属于高风险高收益的投资标的；反之，如果贝塔系数小于 1，说明该股的波动性小于市场平均水平，相对比较稳健。

除了传统的风险度量工具，如方差和标准差，现代投资组合理论还引入了下行风险的概念，如条件在险价值（CVaR）和在险价值（VaR）。这些工具专注于潜在最糟糕的表现情境，使得投资者能够更好地应对极端市场状况。

收益与风险的平衡是投资决策中的一大挑战，所谓高收益伴随着高风险，并不意味着投资无从下手。现代投资组合理论提倡理性投资，通过优化资产配置，投资者能够在一定风险水平下获取最大的期望收益，这就是著名的风险收益权衡。即在投资组合中，通过合理分散投资，既可以控制风险，又能在预期范围内实现收益。根据每位投资者的风险承受能力和预期收益，投资组合的构建应因人而异。对于风险厌恶型投资者，可能更倾向于低风险、低收益的资产，而对于风险偏好型投资者，则更愿意持有高风险、高收益的资产，进行积极型投资策略。

二、投资组合的选择与优化

投资组合的选择与优化对于不确定条件下的投资决策具有极其重要的意义。现代投资组合理论的核心观点是通过在不同资产之间进行分散投资降低风险，同时争取在一定风险水平下实现预期收益的最大化。这一理论的理论基础可以追溯至哈里·马科维茨在1952年提出的均值—方差分析法，该方法奠定了现代投资组合理论的基础。在这个背景下，投资组合的选择与优化不仅涉及单个资产的预期收益与风险的分析，更重要的是要考虑不同资产之间的相关性，从而实现整体组合的优化。

选择合适的投资组合是投资决策的第一步。在这个过程中，投资者需要对不同资产的预期收益、波动性和相关性进行评估。预期收益是投资者希望在未来某一段时间内从资产投资中获得的回报，而波动性则是衡量投资风险的一个重要指标。一般来说，投资者面临的风险越大，预期收益也越高。为了实现理想的组合收益与风险之间的平衡，投资者需要将资金分配到多种不同资产中，目的是通过分散风险来降低单一资产波动对整个投资组合的冲击。

在现代投资组合理论中，方差或标准差被用作衡量风险的指标。投资组合的总体风险不仅取决于每种资产各自的风险水平，还涉及它们之间的相关性。相关性用来衡量两种资产间收益率的变化关系，取值可以在 -1 到 1 之间。负相关意味着两种资产的收益呈反向变化，正相关则表示两者收益呈同向变化。在构建投资组合时，通过选择低相关性甚至负相关性的资产，可以有效降低组合的整体波动性，最终实现更稳健的投资回报。

投资组合优化的核心是如何在预期收益和预期风险（方差或标准差）之间进行权衡。马科维茨引入的均值—方差模型在数学上被表示为在给定预期收益水平下，最小化投资组合方差的问题。通过解析该模型，投资者可以找到“有效边界”（Efficient Frontier），即在每一个确定的风险水平下，能够提供最高预期收益的资产组合。有效边界上的每个点代表一种最优的资产配置方式，能够在不增加风险的前提下提升收益，这样的投资组合被认为是最优的。

资本市场线（Capital Market Line，CML）和证券市场线（Security Market Line，SML）是两个重要的分析工具。资本市场线表示在风险资产和无风险资产的组合中，投资者如何通过调整风险资产和无风险资产的比例来优化整个投资组合。证券市场线则描述了在均衡市场下，单个资产的预期收益与系统风险之间的关系，即资本资产定价模型。这些工具为投资者提供了更多优化投资组合的理论依据和实践指导。

优化投资组合还必须考虑投资者的风险容忍度和投资目标。不同的投资者具有不同的风险偏好，有些人能够承受较高的风险，以换取更高的预期收益，而有些人则倾向于选择更稳健的投资策略，避免大的风险冲击。此外，投资目标的设定也是影响投资组合选择的重要因素，如退休规划、子女教育金或短期的财富积累等。

为了有效地进行投资组合的选择与优化，一些实用工具和技术也被广泛应用。例如，蒙特卡罗模拟法通过大量随机抽样和模拟，来预测投资组合在不同市场条件下的表现。情景分析则测试在不同市场假设和外部事件下，投资组合的表现。利用这些工具，投资者能够更好地理解投资组合的潜在风险和机会，从而优化决策。

定期的投资组合再平衡是另一个关键环节。市场条件和资产价格不断变化，原本最优的投资组合可能随着时间推移而偏离目标配置。因此，投资者需要定期审视和调整投资组合，以重新分配资金在不同资产间的比例，确保持续地实现最优风险收益比。

除了传统的资产类别如股票和债券，现代投资组合理论还引入了大量新的投资工具和策略，如对冲基金、私募股权、房地产投资信托基金以及各种衍生品。这些工具和策略不仅提供了更多元化的选择，也带来了更加复杂的风险管理挑战。投资者在进行组合优化时，需要更加全面和深入的分析，包括流动性风险、信用风险以及市场风险等。

在现代投资组合理论的指导下，投资者通过科学的方式进行投资组合的选择与优化，能够有效地应对市场的不确定性，降低风险，从而实现稳健的财富增长。尽管这里涵盖的内容已比较详尽，但实际操作时，投资者仍需根据自己的具体情况灵活应用理论和工具，并持续学习和调整，以应对投资环境的变化。

三、资本资产定价模型

资本资产定价模型是现代金融理论的重要组成部分，是由威廉·夏普、约翰·林特纳、杰克·特里诺和简·莫辛等人于20世纪60年代在资产组合理论和资本市场理论的基础上发展起来的。资本资产定价模型为理解资产定价和风险—收益关系提供了基础框架，它通过引入系统性风险与非系统性风险的概念，为个体投资者在不确定条件下进行投资决策指明了方向。

该模型的核心思想是，投资者应当根据资产的系统性风险来进行定价。系统性风险，也称为市场风险，是指那些由宏观经济因素引起的、全市场都无法避免的风险。非系统性风险或特异性风险则是特定于某个公司的风险，可以通过分散投资（持有多样化的投资组合）来消除。CAPM认为，投资者因为可以通过分散化来消除非系统性风险，因此只应为系统性风险获得额外补偿。

资本资产定价模型的主要公式为：

$$E(R_i) = R_f + \beta_i[E(R_m) - R_f]$$

其中：$E(R_i)$ 代表资产 i 的预期收益率，R_f 代表无风险利率，$E(R_m)$ 代表市场投资组合的预期收益率，β_i（贝塔值）是资产 i 相对于市场组合的系统性风险。

该公式表达了一个资产的预期收益率是由无风险利率和风险溢价（市场预期收益率减去无风险利率）乘资产的贝塔值之和构成的。贝塔值衡量了资产收益率对整个市场收益率的敏感性，贝塔值越高，表示该资产的系统性风险越大，其预期收益率也应越高，以补偿投资者承受的更高风险。

资本资产定价模型在实际应用中有非常重要的意义。它为投资者提供了一个定价资产的标准，帮助投资者理解哪些资产被高估或低估。例如，如果一个资产的实地市场收益率高于资本资产定价模型预测的预期收益率，则该资产可能被低估，投资者可以考虑买入该资产以获得较高的收益；反之，若资产的实地市场收益率低于模型预测的预期收益率，则该资产可能被高估，投资者可能考虑卖出该资产以避免潜在损失。

资本资产定价模型在一个投资组合管理的框架中也至关重要。通过计算各项资产的贝塔值，投资者可以更好地理解其投资组合的整体风险水平，并进行相应调整。然而，该模型并非没有局限性。在实践中，资本资产定价模型的一些假设，如市场是完全有效的、投资者是理性的、投资者可以毫无障碍地借入和贷出资金，往往难以完全满足。另外，在实际市场中，投资者对风险的偏好和资产回报率的估计也可能存在偏差，这会影响资本资产定价模型预测的准确性。

尽管如此，资本资产定价模型仍然是金融领域中一个极其重要的工具和理论基础。它不仅为资产定价提供了一个简明的模型，也为现代投资组合理论的其他延伸和发展奠定了基础。多因子模型如 Fama-French 三因子模型，就是对资本资产定价模型的一种扩展，它在资本资产定价模型的基础上增加了企业规模和账面市值比两项因子，从而更加深刻地揭示了资产收益率的决定因素。

投资者在实际使用资本资产定价模型时，也需要结合其他的理论和工具，以弥补其不足。例如，通过运用行为金融学的理论，可以更好地理解和预测由于市场情绪和偏见造成的资产定价偏差。同时，投资者也可以借助其他工具，如情景分析和压力测试等，来应对不确定条件下的各种突发情况和市场变化。

资本资产定价模型作为现代投资组合理论中的关键部分，帮助个体投资者在不确定条件下进行投资决策。资本资产定价模型通过对系统性风险和非系统性风险的区分，强调了分散化投资的重要性，并提供了一种简单有效的方法来计算预期收益率。虽然资本资产定价模型的某些假设在现实中可能难以完全满足，但它仍然在资产定价和投资组合管理中发挥着重要作用。结合其他理论和工具，资本资产定价模型可以帮助投资者更全面、更准确地评估和应对投资风险，提高投资决策的科学性和合理性。

第二节　行为金融学理论

一、行为金融学的兴起与发展

行为金融学作为一门学科，最早可以追溯到20世纪70年代末。此后，行为金融学的系统化研究逐渐兴起。

传统金融理论基于理性决策者和有效市场假说，假设所有市场参与者都是理性的且拥有完整信息，而市场价格总是反映了所有可用信息。但实践中的市场行为却往往与这种理想化的假设相悖，导致投资者和学者对传统金融理论的质疑与反思。行为金融学的诞生和发展是对这些质疑的正面回应。其核心理念是将心理学和社会学的研究成果应用到金融学中，来解释和预测投资者行为以及市场现象。行为金融学认为，投资者在作出投资决策时往往受到心理偏差和情感因素的影响，导致决策行为与经典金融理论的假设存在偏差。行为金融学家通过实验和实证研究，揭示了许多在传统金融学框架内无法解释的现象。

在行为金融学的早期发展过程中，两个获得诺贝尔经济学奖的重要人物丹尼尔·卡尼曼和理查德·塞勒作出了突出贡献。卡尼曼和他的合作者阿莫斯·特沃斯基系统地研究了人在决策过程中常见的认知偏差，并提出了前景理论。前景理论认为，人们在面临不确定性决策时往往不是完全理性的，他们更倾向于避免损失而非获得收益。卡尼曼和特沃斯基的研究指出了人类行为中一系列系统性的偏差，如“损失厌恶”“心理账户”“自信过度”等。

行为金融学的另一个重要里程碑是理查德·塞勒的研究，他通过一系列实验和分析，揭示了在金融决策中影响人们行为的一些非理性因素。他将心理学引入经济学和金融学，认为人们在决策时往往因为认知资源有限而无法作出绝对理性的决策，还总结了一些具有广泛影响的理论，如“框架效应”和“内疚效应”。这些研究促进了行为金融学在学术界和金融实践中的广泛应用。

行为金融学进一步深入探讨了投资者心理特征对市场行为的影响。例如，“过度反应”和“反应不足”是行为金融学的重要研究方向。研究发现，投资者有时对市场信息的反应过度，导致股价偏离其内在价值。例如，当企业发布好于预期的盈利报告时，投资者会过度乐观抬高企业股票价格；相反，负面消息会引发恐慌性抛售。但在另外一些情况下，投资者对新信息的反应又显得不足，可能因为短期内未能对信息的长期影响作出全面评估。以上这两种偏误都会导致短期内市场价格的波动以及长期内价格的回归。

投资者的从众效应也是行为金融学关注的重点之一。从众效应是指人们趋向于根据其他人的行为作出投资决策，而非独立评估信息的价值。这种行为在市场上表现为某些资产价格的快速上涨或下跌，如大规模的市场泡沫或恐慌性抛售。行为金融学研究通过实验证实了从众效应的存在，并探讨了其形成的心理机制，如社会认同和追随者心理的作用。

行为金融学强调了情绪在投资决策中的作用。市场情绪指数和投资者情绪调查等工具被用来量化投资者的情绪状态。这些研究表明，乐观情绪往往伴随着市场的牛市，而悲观情绪则常常出现在市场的熊市。这种情绪波动不仅影响市场整体的涨跌，还会在个股或行业层面上产生显著影响。

行为金融学也探讨了认知偏差和情绪对长期投资策略的影响。投资者可能因为短期波动而频繁交易，导致交易成本增加和风险积累。行为金融学倡导更为理性和长期的投资策略，建议投资者认识到自己的认知偏差，并通过纪律性投资策略来规避其不利影响。例如，定期投资和分散投资可以有效降低因情绪波动导致的投资决策不当。

行为金融学的兴起和发展不仅丰富了金融学理论的视角，还为实际的投资决策提供了新的方法和工具。通过揭示人类在不确定条件下决策的非理性因素，行为金融学为更加全面地理解市场行为和优化投资策略提供了理论基础与实践指引。在日益复杂的金融市场环境中，行为金融学的重要性愈加凸显，成为投资者和金融从业者不可忽视的重要领域。

二、投资者心理偏差

投资者在进行投资决策时，往往受到各种心理偏差的影响。这些心理偏差会影响投资者的判断，并最终影响其投资决策的效果。这些心理偏差可以分为认知偏差和情感偏差两大类。

认知偏差是指因为人类有限的认知能力和信息处理能力，导致的系统性错误或非理性判断。例如，过度自信偏差是最常见的认知偏差之一。投资者往往倾向于高估自己的知识和判断力，相信自己的投资决策是正确的，即使没有充分的信息或理由支持这种信心。研究表明，过度自信的投资者通常会频繁交易，甚至会过度集中于某些特定股票，而忽略了市场整体的分散化和风险管理原则。频繁交易不仅增加了交易成本，还有可能导致投资收益受到不利影响。

代表性偏差是一种常见的认知偏差，是指投资者在进行判断时，往往根据历史数据或某些典型事件进行推断，而忽略了其他可能的重要信息。例如，一些投资者可能会因为一家企业过去表现良好，就盲目地认为它会继续表现良好，而忽略了对其未来发展潜力和市场环境的全面评估。这样的代表性偏差可能导致投资者追逐过去的“明星股”，而忽视了潜在的风险和新的投资机会。

可得性偏差也是影响投资者决策的关键因素之一。由于信息获取的便利性，投资者往往容易高估某些显著或近期发生的事件的可能性。比如，当股市出现大幅波动时，媒体和社交网络上的相关信息会显得特别突出，投资者因此可能会过度关注这些信息，而忽视了长期投资策略的重要性和市场的整体趋势。可得性偏差会导致投资者情绪化决策，不利于实现长期投资目标。

框架效应同样是认知偏差中的一个重要方面。框架效应指出，投资者对同一信息的反应会因信息呈现方式的不同而有所改变。例如，当收益和损失以不同方式呈现时，投资者的风险偏好也会随之变化。研究表明，投资者往往对损失更加敏感，即“损失厌恶”，这使得他们在面对潜在损失时可能会作出风险规避的决策，而在面临潜在收益时却可能会追求高风险。不正确的决策框架容易导致投资者忽视理性的分析和客观的市场判断，从而影响投资绩效。

除了认知偏差，情感偏差也在投资者决策中扮演重要角色。情感偏差是指投资者在情感因素的影响下作出的非理性决策。例如，过度乐观或悲观情绪会影响投资者对市场前景的判断，进而影响其投资操作。当市场上涨时，投资者情绪高涨，可能会盲目跟风买入股票，增加投资风险。同样，当市场下跌时，恐慌情绪可能导致投资者恐慌性抛售，忽略了市场短期波动的可能性，从而错失未来市场反弹中的机会。情感偏差往往是不理性的，追随情感波动进行投资容易导致投资决策的不稳定性和不一致性。

从众效应是情感偏差中的一种特殊现象。当身边的投资者大多数采取某种投资行为时，个体投资者很容易受到这种行为的影响，从而跟随大多数人进行投资。即使个体投资者有不同的判断，由于害怕与大多数人意见相悖而产生的心理压力，他们往往选择跟随大多数人。这种行为在市场上非常常见，特别是在市况波动时更加明显。从众效应容易导致市场非理性繁荣或恐慌，从而加剧市场波动。

归因偏差也是一种影响投资者决策的情感偏差。归因偏差是指投资者倾向于将成功归因于自身能力，而将失败归因于外部环境或其他不可控因素。这种偏差的存在可能导致投资者过度自信和缺乏反思，在投资决策过程中无法及时纠正错误，提高投资技能。归因偏差使得投资者在面对投资失败时，不愿意承认自己的错误而采取逃避态度，影响其长远的投资策略和学习进步。

三、有限理性与过度反应

有限理性与过度反应是行为金融学中的两个重要概念，它们揭示了个体在决策过程中的不足和误区，以及这些不足和误区如何影响投资决策。有限理性是指投资者在决策过程中受限于信息、时间和认知能力，而过度反应则是指投资者对信息的反应强烈到超过合理程度。这两个概念紧密相关，共同解释了为什么市场常常偏离理性预期。

有限理性最初由经济学家赫伯特·西蒙提出。他认为在实际决策过程中，人类无法完全达到理性的要求，这是因为信息获取和处理的成本太高。此外，人类的认知能力有限，并不具备对所有可能性进行全面评估的能力。因此，投资者在面对复杂信息时，往往只能根据经验、直觉或简化的决策规则进行选择。这种行为导致了“满意化”决策，即选择一个看上去足够好的选项，而非最佳选择。

有限理性还体现在投资者对复杂金融信息的处理上。他们常常借助启发式方法简化决策，这些启发式方法虽然在某些情况下有效，但在动态和不确定的市场环境中，可能会造成系统性偏差。例如，代表性启发法可能导致投资者过度依赖某些显著但不具代表性的市场事件，而忽略其他重要信息。同样，易得性启发法使投资者更加重视容易获取和记忆的信息，而忽视了那些需通过深入研究才能获得的资讯。

认知偏差是有限理性的重要体现之一，这些偏差包括确认偏差、后见之明偏差和过度自信等。确认偏差是指投资者倾向于寻找或解释信息以支持已有的看法，而忽略或低估反驳性的证据，这会导致投资决策偏离理性轨道。后见之明偏差则让投资者错误地认为他们早已预见了某事件的发生，进而错误评估自己的决策能力。过度自信是认知偏差中的另一个重要现象，研究表明，投资者普遍过高估计自己的判断能力和决策水平，导致他们进行更多的交易，而频繁交易往往与低收益相关联。

在市场反应方面，过度反应则是一个相对独立的概念。过度反应意味着投资者对某些信息的反应超出其实际重要性，造成市场价格的剧烈波动。在信息传递过程中，投资者常常受到情绪、群体行为和社交压力的影响，以致市场价格超出合理范围。例如，当一家企业发布出乎意料的财务报告时，投资者可能会因为恐慌或过度乐观而导致股价短期大幅波动。牛市和熊市中的市场泡沫与崩盘，便是过度反应的具体表现。一方面，投资者在牛市中因过度乐观而大量买入股票，进一步推动价格上涨；另一方面，当市场信心崩溃，投资者可能因过度悲观而纷纷抛售，导致价格迅速下跌。

过度反应不仅表现在短期市场波动中，也可能影响长期投资绩效。研究发现，市场在面对企业盈利警示、经济数据波动和政策变动时，常常表现出不同程度的过度反应，这使得股票价格长期偏离其内在价值。投资者如果无法识别这些过度反应，可能会导致投资决策上出现重大偏差。

有限理性和过度反应相互作用，进一步复杂了市场行为，对投资者形成了双重挑战。在复杂的信息环境中，有限理性使得投资者无法全面理解和评估信息，从而依赖简单化的决策规则，这使得他们易于产生过度反应。此外，由于有限理性导致的信息处理能力有限，过度反应往往被放大，使得市场更为波动和不稳定。

理性预期假说曾长期主导经济学界和对金融市场的分析，但有限理性和过度反应则为解释实际市场行为提供了更深刻的洞见，这也使得行为金融学成为学术研究和实践操作的重要参考。通过深入研究这两个概念，投资者可以更加全面地了解自己的行为偏差，并通过策略调整和学习机制来改进投资决策。

在实践中，投资者可以通过建立多元化投资组合、定期评估投资策略，以及教育和培训等方法，减轻有限理性和过度反应带来的负面影响。特别是在复杂和不确定的市场环境下，保持冷静、耐心，并以长期视角进行投资，可以帮助投资者更好地应对有限理性与过度反应带来的市场波动。

第三节　决策理论

一、不确定性与风险的区别

不确定性与风险是在投资决策过程中经常提及的两个概念，但它们存在显著区别。理解和区分这两个概念，对于个体投资者在不确定条件下作出明智的选择具有重要意义。尽管在日常交流中，人们常常将这两个词语混同使用，但在投资理论的研究中，它们却有着各自独特的含义和应用范畴。

不确定性通常是指未来情况未知或难以预测的状态。在不确定性下，投资者面对的是对未来可能发生的各种情况缺乏足够的认识和信息，从而无法对结果进行精确的概率评估。在这种情况下，投资者可能对某些事项的了解是极为有限的，甚至对某些潜在的变数完全没有认知，即所谓的“未知的未知”。正因如此，不确定性往往伴随着极高的复杂性与不完全信息，使得投资者面临决策困难以及可能的意外结果。从逻辑上看，不确定性不容易量化，因为没有明确的模型或统计数据可供参考。而在实际操作中，不确定性可能来源于多方面，如宏观经济变化、科技进步、市场趋势、政策调控以及自然灾害等。

相对于不确定性，风险则是指未来某个事件发生的不确定性以及该事件可能对决策者造成的负面影响，并且这种不确定性可以通过概率来表示。也就是说，在存在风险的情况下，投资者虽然无法确定未来的准确结果，但可以基于历史数据和统计模型，对不同结果发生的概率进行评估。换言之，风险可以被量化，并且通过一定的管理和措施进行控制与缓解。例如，投资者可以通过分散投资、设定止损点、使用金融衍生工具等方式来管理和分散风险。在传统的金融理论中，现代投资组合理论以及资本资产定价模型等工具和方法，都是基于对风险的识别、量化和管理的。

将不确定性与风险作进一步比较，可以更多地了解它们在具体投资决策中的应用差异。因不确定性不可量化，决策工具在面对不确定性时显得无力，投资者只能依靠经验、直觉、情景分析或是随机应变的策略。而面对风险时，投资者则可以依赖概率论、统计学以及数学模型，通过科学的方法进行分析和决策。换句话说，风险是能被度量和管理的，而不确定性则要求投资者在面对无法度量的未知时展现出适应能力和灵活性。

在实际投资操作中，风险管理工具和手段的丰富多样性，使得投资者能够通过多种途径来应对潜在的风险。例如，通过合理的资产配置，投资者可以在不同资产类别之间进行分散投资，从而降低组合的总体风险；通过使用衍生品市场的期权、期货等工具，投资者可以对冲某些特定的风险；通过定期审视和调整投资策略，投资者可以及时应对市场变化。而面对不确定性时，投资者需要更加注重积累信息、提高市场洞察力，并需具备较强的心理素质和应变能力，以应对无法预见的情况。

从行为经济学的角度来看，不确定性和风险的区别还体现在投资者的心理与行为表现上。面对不确定性时，投资者可能会表现出更多的犹豫、焦虑和谨慎情绪，甚至有时会采取极端保守或极端冒险的策略。而在风险面前，投资者则更多地依赖理性分析和计算，权衡收益与损失的可能性。这两种心理和行为模式在实际的投资决策中会带来不同的结果与影响。

一个经典的例子是埃尔斯伯格悖论（Ellsberg Paradox），该悖论展示了人们在面对不确定性与已知风险时的不同选择偏好。在悖论实验中，人们往往偏好选择那些较为确定的概率事件，即使该事件的预期收益较低。这一现象说明了人们对不确定性的高度厌恶程度，通常更愿意选择那些可以明确量化且有控制措施的风险事件。

为了应对不确定性，个体投资者需要具备一定的前瞻性和灵活性，同时要不断学习和积累经验，以增强对未来不可预测事件的应变能力。这包括积极跟踪宏观经济形势、市场动态、政策变化，完善自身的知识结构，提升对投资标的的全面了解。同时，也要具备在突发事件下快速反应和调整投资组合的敏捷性，并保持心理和情绪上的稳定和淡定。

在学术研究和实际操作中，对不确定性和风险的深入区分，有助于投资者建立更为科学和理性的决策框架。理解它们各自的特点和应对策略，不仅能够提升投资者在复杂环境下的决策质量，还能够帮助其更有效地实现目标收益，规避可能的损失。尽管未来充满变数和挑战，但通过不断的学习和实践，投资者完全可以在不确定条件下作出明智的投资选择和决策。

二、贝叶斯决策理论

贝叶斯决策理论的根基在于贝叶斯定理，这一定理改进了传统的频率概率观，将主观概率引入决策分析，使得投资者在面对有限信息和动态变化的市场环境时，能够更有效地处理和更新信息，从而作出最优决策。

贝叶斯定理是一种通过条件概率计算的方法，它允许人们利用先验信息和新获得的信息来更新对某一事件发生概率的认识。定理的数学表达式为：

$$P(A \mid B) = [P(B \mid A) \times P(A)] \div P(B)$$

其中：P（A ｜ B）表示在B发生的条件下A发生的概率，P（B ｜ A）表示在A发生的条件下B发生的概率，P（A）和P（B）分别表示A和B的先验概率。

贝叶斯定理的核心思想在于通过观察新数据或信息的行为对原有的先验概率进行调整，以获得后验概率。这种动态更新的机制被称为贝叶斯更新。

对于个体投资者而言，贝叶斯更新提供了一种结构性的方法来处理市场信息。市场信息常常是分散且不完全的，投资者需要根据不断变化的经济环境、市场动向以及其他相关因素及时调整自己的投资策略。在贝叶斯决策理论框架下，投资者可以基于初始的市场判断（先验概率），结合新的市场数据（似然函数），重新评估市场的状态（后验概率）。这种方法不仅能够帮助投资者在不确定条件下保持灵活性，还能够减少决策过程中的主观偏见。

贝叶斯决策理论的应用并不限于动态调整概率的计算，它还可以指导投资者进行复杂的投资组合选择和风险管理。投资者可以利用贝叶斯方法来评估不同投资组合的期望收益和风险水平，从而选择最优的投资组合。在评估投资组合的过程中，贝叶斯方法允许投资者考虑多种不确定因素，如市场波动、经济政策变化以及公司绩效等，通过引入这些变量的概率分布，贝叶斯决策模型能够为投资者提供全面的风险评估。

在实际操作中，贝叶斯决策理论还可以通过贝叶斯网络（Bayesian Networks）和蒙特卡罗模拟（Monte Carlo Simulation）等技术手段来实现。贝叶斯网络是一种图模型，它可以描述一系列随机变量及其条件依赖关系。通过贝叶斯网络，投资者可以建立投资变量之间的关联模型，从而更直观地理解市场动态。蒙特卡罗模拟则是一种利用随机样本和数值仿真的方法，可以帮助投资者通过大量的随机试验来估计投资决策的可能结果和风险水平。通过这些工具，贝叶斯决策理论不仅成为一种理论框架，还能够实际应用于复杂的金融市场分析中。

贝叶斯决策理论在处理真实世界投资问题时，面临的一大挑战在于先验概率的确定。先验概率反映了投资者初始的市场认知，而这一认知通常受到历史数据、人类经验和主观判断的约束。然而，历史数据具有局限性，尤其是在面对突发性事件和市场异常波动时，历史数据可能无法有效预测未来的市场变化。为了解决这一问题，投资者可以引入专家意见、经济学模型以及情景分析等方法，构建更加科学和合理的先验概率分布。此外，投资者还需要不断积累市场经验，通过实时市场反馈不断修正和优化先验概率。

尽管贝叶斯决策理论具有许多优点，但其应用也存在一些局限性。首先，理论的运用需要一定的数理统计和概率论基础，对于缺乏专业知识的个体投资者而言，可能较难准确理解和实施。其次，贝叶斯决策理论依赖正确的概率分布假设和合理的先验信息，如果这些信息不准确，可能会导致误导性的决策。因此，在实际应用中，投资者需要结合其他决策方法，综合评估投资风险和收益，以提高决策的准确性和可靠性。

三、最大最小决策理论

在不确定条件下进行投资决策时，最大最小决策理论提供了一种独特的视角和方法。这一理论的核心思想是：在面对不确定性和风险时，决策者应该选择使最坏可能结果最好的方案。这个理论的基础源于对风险态度保守、防范最差情况的心理假设，适用于一些保守型投资者，特别是在市场波动巨大、信息不完全或对未来收益有较大担忧的情况下。

在最大最小决策理论中，决策者首先需要确定所有可能的策略及这些策略在各种可能状态下的收益。每个策略在所有可能状态下的最小收益被称为该策略的“最小最大化值”。理论建议决策者选择这些策略中的那个使得这个最小收益最大的策略。简单而言，就是通过选择那些在最坏情况下获得相对较好结果的策略，以避免因最坏情况发生带来的巨大损失。

最大最小决策理论的一大优势在于它在高度不确定或信息极其有限的情况下，能为决策者提供一种朴素而有效的决策框架。不确定性常常带来恐惧和焦虑，而有了一个清晰的决策路径，能够在某种程度上减轻投资者因不确定性所带来的心理压力。具体运用时，投资者可以通过构建决策矩阵，列出所有可行策略及其可能的结果，逐一评估每个策略在最恶劣条件下的收益，然后选取那些最低风险的方案。

针对最大最小决策理论，必须理解其假设前提，即假设投资者对风险是极其规避的。很多情况下，最大最小决策理论可能导致过于保守的决策，进而在经济上错失更优策略的机会。这种保守性在市场较为稳定或信息较为充分时，可能会显得不够激进，进而不能充分抓住市场机会。然而，在那些变动速度快、难以预测和高风险的市场环境中，最大最小决策理论能给投资者提供一定的“安全垫”，帮助他们避免极端情况下的巨大损失。

举一个具体的例子，以帮助理解最大最小决策理论的运用。假设投资者现在需要在两项投资策略中作出选择：策略 A 和策略 B。在未来三种可能的市场状态下（如牛市、熊市、平稳市场），具体的收益如下：策略 A 在牛市下的收益为 30%，在熊市下为 -10%，在平稳市场下为 5%；策略 B 在牛市下收益为 20%，在熊市下收益为 0%，在平稳市场下收益为 15%。在最大最小决策理论框架中，投资者需要关注每个策略在最恶劣情况下的表现。对于策略 A，最坏情况是熊市，收益为 -10%；对于策略 B，最坏情况是熊市，收益为 0%。显然，投资者会选择策略 B，因为在最坏情况下策略 B 的损失程度更小，即使它在最好的市场状态下的收益不及策略 A。

这种方法其实在投资实践中非常有价值，特别是对于那些风险承受能力较低或者在特定市场环境下颇有顾忌的投资者。最大最小决策理论的保守性使得它在一定程度上剔除了投资过程中不必要的冒险。特别是在初创企业投资、海外市场扩展等高风险项目前，该理论的应用能有效减少不确定性带来的致命风险。每当市场波动剧烈或者经济状况不稳定时，投资者即使不能确保最大利益，此时选择那些在最坏情况下表现较好的方案，也能实现稳健的回报。

尽管最大最小决策理论有显著的优越性，但它也有局限性。一些极度保守的决策可能会导致实际投资收益的显著降低，与此同时，过于保守的策略会错失市场的高回报机会。例如，在高科技创新领域，最糟糕的情况往往是投资项目失败，但一旦成功，其回报可能是数倍甚至数十倍的收益。因此，在实际运用中，决策者需要综合考虑市场环境、自身的风险承受能力以及具体项目的性质，而不仅仅依据最大最小决策理论作出决策。

最大最小决策理论对于那些追求安全且无法预测未来市场走势的投资者来说是一种有效防御工具。在社会经济环境日益复杂的今天，了解和应用这一理论可以帮助投资者在面对不确定性时保持冷静和理性，避免由于极端事件而造成的重大损失。当然，在实际决策过程中，理性与感性、定性与定量的综合考量必不可少，唯有如此才能在不确定性中找到最佳投资策略，实现理性投资与收益的最大化。

四、期望效用理论

期望效用理论的核心思想是，决策者在面对不确定性时，会通过计算不同结果的可能收益和相应的概率，来评估不同的选择，并最终作出符合自身偏好的决策。该理论不仅为投资者如何在不确定条件下进行理性选择提供了有力依据，也为理解市场行为和资产定价机制提供了深刻洞见。

期望效用理论的起源可以追溯到 18 世纪的丹尼尔·伯努利，他通过引入效用函数的概念，解释了人们对风险的态度，发现了预期收益与效用之间相互关联的端倪。效用是一个经济学核心概念，它对决策者的主观满意度进行衡量，并将其与实际收益分离开来。伯努利提出的效用函数表明，投资者并不是简单地追求最大的预期收益，而是追求预期效用的最大化。这个效用函数通常被设定为凹函数，表示投资者对于收益的边际效用递减，这反映了人们对风险的规避态度，从而解释了为什么个人更倾向于选择较为稳妥的投资策略。

期望效用理论在进一步的发展过程中，逐步引入了数学模型和理性决策理论，以更加精确地描述投资者在不确定性条件下的行为。约翰·冯·诺依曼和奥斯卡·摩根斯特恩在他们的经典著作《博弈论与经济行为》中，通过形式化的数学模型，提出了经典的期望效用理论框架。根据他们的理论，投资者的决策是基于不同投资结果的可能性以及每一个结果对投资者效用值的加权平均值。这个模型将投资者的偏好表现为效用函数，并通过概率加权的方式计算期望效用，使投资者能够在复杂的、不确定的环境中理性地作出决策。

在期望效用理论中，一个关键的概念是风险规避。这一概念解释了为什么人们在面对具有相同期望值的两种投资选择时，往往更倾向于选择风险较小的那一个。风险规避的程度可以通过效用函数的凹度来反映，效用函数越凹，表明风险规避程度越高。对于风险规避型投资者，他们宁愿选择确定的较低收益，也不愿意冒较大风险去获取更高的潜在收益。而对于风险中性或风险偏好型投资者，他们的效用函数则相对平坦或凸起，他们在决策过程中会表现出不同的态度和行为特征。

期望效用理论不仅在理论框架上为投资决策提供了深刻的洞见，而且在实际运用中也具有很强的解释力和预测力。金融市场中的投资者在面临多种投资选择时，通常会运用概率和统计的方法来评估各种投资工具的预期收益和风险，依据期望效用理论来构建其投资组合。资产定价模型，如资本资产定价模型和套利定价理论，都是基于期望效用理论发展而来的，它们通过评估投资工具的系统性风险和期望收益，为投资者在不确定性环境下的理性决策提供了理论基础。

期望效用理论在行为金融学中的应用，也对理解投资者的实际行为提供了重要的支持。虽然期望效用理论假设投资者是完全理性的，能够准确评估各投资结果的概率和效用，但在现实中，由于信息的不完全性、认知偏差和心理因素的影响，投资者往往会偏离理性决策的轨道。行为金融学通过研究这些偏差，进一步丰富了期望效用理论的应用场景，并为改善投资决策提供了实践建议。

期望效用理论也面临一些挑战，特别是在处理极端风险或不确定性较高的情境时，其效用函数的精确刻画变得复杂。部分学者提出了基于前景理论和累积前景理论的改进模型，以更好地解释和预测在高风险条件下的投资者行为。例如，诺贝尔经济学奖得主丹尼尔·卡尼曼和阿莫斯·特沃斯基提出的前景理论，通过引入价值函数和决策权重函数，更加细致地刻画了投资者在收益与损失、确定性效应等方面的决策行为，并在期望效用理论的基础上作出了重要补充。

第四章
风险评估与管理

第一节　风险识别与评估方法

一、风险类型识别

识别风险的类型，并理解它们的性质和潜在影响，对于个体投资者制定有效的风险管理策略至关重要。风险类型识别的目的是帮助投资者明确哪些风险因素可能对其投资组合产生影响，从而使他们能够采取适当的防范措施减少潜在损失。以下内容从多个角度详细阐述不同类型的风险，以便让个体投资者在不确定的市场条件下能够更好地应对各种风险挑战。

市场风险是投资者首先必须了解和识别的一种风险类型。市场风险又称系统性风险，是指因整体市场波动引起的风险。市场风险的发生无法通过分散投资来完全规避，包括股票市场波动、利率变化、货币汇率波动等因素。这些因素会影响整个市场或某一类资产的价格，导致全部资产的价值同时发生变化。例如，全球经济危机导致股票市场大幅下跌，利率上升可能使债券价格下跌，货币汇率波动可能影响国际投资的回报率。

信用风险是另一类常见的风险，尤其在固定收益投资中表现得尤为明显。信用风险也称违约风险，是指债券发行者或借款人未能如期履行其金融义务，从而导致投资者遭受损失的风险。信用风险的典型特征是在债务人违约时，投资者将面临本金和利息损失。评级机构通常会对债券发行者进行评级，帮助投资者评估信用风险，但评级并不能消除风险，只能作为参考。例如，2008 年全球金融危机期间，许多高评级的债务工具依然未能幸免，给投资者造成了巨大损失。

操作风险是由于运营中的失误或系统性故障引起的。操作风险通常会由人为错误、欺诈、系统崩溃和外部事件等引发。金融机构和企业内部的控制措施与合规政策在一定程度上可以减少操作风险，但无法完全消除。为了应对操作风险，投资者应设法了解投资产品发行机构的内部控制和管理水平。例如，一家企业的会计操作不透明，可能导致信息不对称，从而增加投资者的判断难度和决策风险。

流动性风险是在特定市场条件下，投资者未能以合理价格迅速变现投资的风险。这种风险在市场不稳定、不活跃的情况下很容易暴露。流动性风险对短期投资者和需要迅速变现资产的投资者尤为重要。例如，在一个小盘股市场中，买卖双方较少，当投资者需要出售大量股份时，无法找到足够的买家，可能导致不得不以较低价格出售，从而遭受损失。同样，房地产市场也存在流动性风险，因为变现周期较长，市场变动时很难迅速出售物业。

法律和合规风险是指因法律变更或合规措施导致的潜在风险。投资者须时刻关注所在国家和地区相关法律法规的变化，了解可能对其投资造成的影响。例如，税收政策的变化可能直接影响投资的回报率，不同国家或地区的监管要求差异会导致跨国投资的合规成本增加。而在尚未发展完善的市场，法规的不确定性会加大投资的风险。

战略风险主要来源于企业或机构在制定和执行战略决策过程中可能遇到的风险。这种风险往往涉及企业发展方向的错误判断、市场定位偏差或新业务拓展失败等。战略风险的识别需要投资者具备对企业或机构发展宏观逻辑的深刻理解，并及时跟踪其战略调整和成效。例如，某科技企业如果过于依赖单一技术，一旦该技术被新技术替代，将会给企业的未来增长带来巨大不确定性。此外，市场竞争局势的变化也是战略风险的重要组成部分，如某个新进入市场的竞争者采取激进的低价策略会对原有企业造成严重冲击。

国家风险通常涉及在特定国家进行投资的政治和经济环境的风险。国家风险不仅包括政治动荡、战争和恐怖主义等影响国家社会稳定的事件，还包括政府政策不稳定、货币贬值和外汇管制等经济风险。这些风险因素可能导致投资者资产被冻结、被没收或价值大幅缩水。例如，一国的征税政策突然改变，可能会对外资企业产生重大税收负担，从而削弱其盈利能力。同样，在政治局势不稳定的国家投资风险很大，因为任何一次政权更迭都可能带来不可预测的政策变化，影响投资安全和收益。

技术风险是信息化时代投资者必须面对的重要风险之一。技术风险主要来自新技术的快速发展和应用更新换代带来的冲击。技术的变革不仅影响企业运营和市场竞争格局，还有可能带来整个产业链的重大调整。例如，新型人工智能技术的迅猛发展可能导致许多传统行业面临巨大的经营和生存压力。投资者需要特别关注相关企业对新技术的研发投入和适应能力，及时调整投资策略以应对技术风险。

情绪风险和行为风险是投资决策中不可忽视的因素，是由集体情绪波动和个体决策行为偏差引起的风险。市场上的情绪变化可以通过媒体报道、企业公告、经济数据发布等多种渠道快速传播，并对市场价格产生显著影响。例如，在市场高度乐观时，投资者可能过度追逐高风险高回报的资产，而在市场恐慌时又可能产生大规模抛售行为，导致市场价格剧烈波动。行为经济学表明，投资者的决策往往受限于认知偏差和过度反应，这种非理性行为增加了市场波动和投资风险。因此，个体投资者需锻炼自我控制能力，避免情绪和认知偏差对投资决策的过度影响。

二、市场风险评估

市场风险评估涉及对多种市场因素的分析和评估，以期预测可能对投资造成的不利影响。这一评估过程的关键在于识别并量化潜在的市场风险，从而帮助投资者采取有效的风险管理策略，提高投资的安全性和收益率。

市场风险是指由于市场价格或市场条件的不利变动所带来的风险，通常包括股票价格风险、商品价格风险、利率风险和汇率风险等。这种风险往往难以完全规避，因此需要通过有效的评估和管理来减轻其可能带来的负面影响。进行市场风险评估，首先需要广泛收集相关数据，并对市场趋势进行深入分析。利用传统的统计分析方法和现代金融模型，可以初步识别出影响市场风险的主要因素。

利用分散投资的策略可以有效降低市场风险，同时也需要利用衍生工具如期权和期货进行对冲。建立风险模型是市场风险评估的一个基本步骤。常见的风险模型包括方差—协方差模型、历史模拟法和蒙特卡罗模拟法等。方差—协方差模型通过计算投资组合收益率的方差和协方差，来量化风险。它假定市场收益分布为正态分布，因此在实际应用中可能有所局限，特别是在市场异常波动时。

历史模拟法以历史数据为基础，通过使用历史收益的实际分布来模拟未来可能的市场变动。该方法的优势在于无须假设收益的分布形态，但其准确性依赖历史数据的质量和相关性的稳定性。如果未来的市场条件发生较大变化，历史模拟法可能无法提供准确的风险评估。蒙特卡罗模拟法是一种先进的市场风险评估技术，它通过多次随机抽样生成大量可能的市场情景，从而获得收益分布。蒙特卡罗模拟法的优势在于可以考虑到更广泛的市场条件和非线性因素，因此能够提供更为准确的市场风险评估。然而，这种方法计算复杂且数据需求高，因此在实际应用中需要配备强大的计算资源。

在险价值是市场风险评估中的一个重要指标。在险价值通过统计方法估计在特定置信水平下，投资组合在未来某一时间段内可能遭受的最大损失。在险价值广泛应用于银行、投资基金和公司财务管理中，以量化和报告市场风险。假定置信水平为 95%，在险价值的计算结果表示有 95% 的可能投资组合不会遭受超过这一数值的损失。在险价值虽然应用广泛，但也有其局限性，如无法捕捉极端市场波动风险和流动性风险。

进行压力测试和情景分析是市场风险评估的重要辅助手段。压力测试通过模拟极端市场条件下的投资组合表现，评估在各种不利情形下可能遭受的损失。情景分析则通过构建特定的市场情景，评估投资组合在这些特定条件下的表现。这两种分析方法结合风险模型使用可以更全面地评估市场风险。进行市场风险评估不仅需要专业的金融知识和数据分析能力，还需要对市场环境和政策变化有敏锐的洞察力。市场政策的变化、经济周期波动、地缘政治风险等因素都会对市场风险产生重要影响。因此，在进行风险评估时，需要综合考虑宏观经济环境、行业发展趋势和政策因素。

一个有效的市场风险评估流程是持续的、动态的。在投资过程中，市场条件和风险因素会不断变化。因此，必须定期更新风险评估模型和数据，监控市场动向，及时调整风险管理策略。这种动态评估和管理方法有助于投资者应对市场变化，保持投资组合的稳定和风险控制。除了使用金融工具和模型进行市场风险评估外，定性分析也是不可或缺的一部分。定性分析包括对市场环境、行业竞争状况、企业管理层能力和企业财务健康状况等方面的综合评估。通过定性分析，可以发现潜在的风险点，补充定量模型难以捕捉的信息，从而提高市场风险评估的全面性和准确性。

三、信用风险评估

信用风险评估是投资过程中不可或缺的一环，特别是对于个体投资者而言，做好信用风险评估能有效提高投资决策的准确性，降低由于借款人违约而产生的损失。信用风险主要是指借款人未能履行还款义务的可能性，这种风险既可以来自个人借款人，也可以来自企业、政府等机构。信用风险评估旨在通过各种手段和方法对借款人的信用能力进行测量，从而在投资决策中有效规避或减少风险损失。

在信用风险评估过程中，个人和机构的信用评分是非常关键的数据之一。信用评分是一种基于借款人过去信用行为的数据分析，通过对其历史借款和还款行为进行统计和分析，以此来预测其未来信用表现。常见的信用评分模型包括 FICO 评分、VantageScore 等，评分越高意味着借款人的信用越好、违约风险越小。信用评分的计算通常涉及多个维度，如还款历史、信用利用率、信用历史长度、新信用账户数量以及信用组合等。

财务比率分析也是一种重要的信用风险评估方法，尤其在评估企业借款人时更为常用。财务比率包括流动比率、速动比率、资产负债率等，这些比率通过财务报表中相关数据的计算和对比，能够反映借款人的财务健康状况。例如，流动比率反映企业短期偿债能力，资产负债率则反映企业的长期偿债能力。财务比率的变化趋势还能揭示出企业潜在的财务困境，从而为评估信用风险提供重要的依据。

部门和行业分析也是信用风险评估的一部分。不同的行业和部门由于其经营环境和商业模式的不同，其信用风险水平也会有所差异。例如，服务行业和制造行业往往面临不同的市场波动和经济周期，政府的政策变化也可能对某些行业产生重大影响。这就需要投资者在进行信用风险评估时，不仅要关注微观层面的借款人个体情况，还要结合宏观的行业和经济环境，综合评估风险水平。

定性分析与定量分析结合是信用风险评估的另一关键方法。除了通过各种模型和财务数据进行量化分析外，定性分析也不可或缺。定性分析包括对企业管理层素质的考察、企业治理结构的完善程度、业务模式的可持续性、市场竞争力等因素的评估。这些因素虽然难以量化，但对于全面评估借款人的信用风险至关重要。例如，一个管理团队经验丰富、决策高效的企业，即使短期内财务指标有所波动，其长期信用风险仍可能较低。

信用风险评估还应重点关注借款人信用历史中出现的重大负面事件，如前期违约、破产重组记录等。这些负面信用记录往往对未来信用行为有重要的指示作用。此外，通过与第三方信用评级机构（如穆迪、标普等）合作，可以借助其专业的信用评估报告，进一步完善对目标借款人的信用风险分析。从多个角度和层面全面了解借款人信用情况，有助于降低决策过程中的潜在风险。

模型验证和情景分析在信用风险评估中同样重要。在建立了信用评分模型或其他评估模型之后，为了确保这些模型的有效性和可靠性，需要进行定期的模型验证和调整。而情景分析则是通过设定各种假设条件，模拟不同经济环境下借款人的信用表现，从而评估在极端环境下的信用风险水平。利用这种方式，可以预见和提前规避由宏观经济波动引发的信用风险。

不同类型借款人的风险特性也是信用风险评估中需要关注的。对于企业借款人和个人借款人，信用风险的评估重点各有不同。企业借款人的风险更多涉及其经营能力、财务健康状况及市场竞争力，而个人借款人则更多关注其收入稳定性、负债水平及还款意愿等。投资者在具体操作过程中，应根据借款人类型选择相应的评估方法和指标，确保评估结果的准确性和有效性。

信用风险管理措施也是信用风险评估的延伸，通过科学有效的风险管理措施，可以进一步降低信用风险。常见的信用风险管理措施包括分散投资、设定信用限额、采取担保和抵押等方式分散和降低信用风险。对高风险借款人设定严格的信用条款和还款计划，实时监控借款人的信用表现，及时采取应对措施，都能有效降低信用风险。

四、操作风险评估

操作风险评估是风险管理中的一个关键组成部分，尤其对于个体投资者而言，更是不可忽略的重要环节。操作风险不同于市场风险和信用风险，它主要是指由于内部流程、人员、系统或外部事件的失误或失败所导致的损失。这类风险涵盖范围广泛，包括 IT 系统故障、数据处理错误、内幕交易、社交心理压力引发的错误决策等。因此，有效的操作风险评估是确保投资安全和盈利的必要步骤。

需要明确操作风险的识别标准。识别操作风险的第一步是充分了解所涉及的所有操作流程及其可能包含的风险点。具体而言，个体投资者应对其所有的交易流程、信息处理和决策流程进行全面的梳理和分析。每一个环节的流程都可能成为风险点。例如，交易系统的稳定性、投资决策的科学性、信息收集和处理的及时性以及投资组合的合理性等，都可能直接或间接地影响到投资结果。在识别过程中，需不断进行细化与扩展，从而确保对所有潜在风险有深入的了解。

评估操作风险时，需要重点考虑四个方面：概率、影响范围、风险暴露和管理能力。

概率是指操作风险发生的频率，可以通过历史数据、行业统计以及专业分析进行量化。个体投资者需要收集自身投资历史中的各种数据，以及参考同行业中的类似数据，通过回顾性的分析，测算出每一种操作失误或失败的出现频率。

影响范围是指当操作风险发生后所带来的损失程度。为有效评估影响范围，需结合具体的操作流程细节，分析其对整体投资收益和资本安全的打击力度。例如，通过情景分析和压力测试方法推演出不同情景下的损失程度。

风险暴露是操作风险评估中的关键点，它考虑的是在一段时间内所面临的风险水平。这需要通过模拟和建模的方法，对投资组合中的每一个环节进行详细的测算和分析，以识别和量化潜在的风险暴露水平。例如，通过开发特定的风险评估模型，模拟操作风险在各种条件、市场环境和投资策略下的表现，从而找到最可能的风险来源和最有可能造成的损失范围。

管理能力则是指个体投资者在操作风险面前的应对策略和实力，这需要深入了解和评估自身的决策能力、技术水平、应急反应能力等方面的综合实力，通过专家咨询、经验反思、知识更新等手段，不断提升自我管理操作风险的能力。

在操作风险识别与评估的过程中，还应特别关注信息不对称和认知偏差。信息的不对称是指个体投资者与市场之间、与其他投资者之间在信息获得上的不平衡，这会导致决策失误和操作风险的增加。为此，需要拓宽信息的获取渠道和提高信息质量，通过可靠的市场数据、专业分析报告、行业资讯等手段，确保在投资决策过程中拥有充分有效的信息供给。认知偏差则是指个体在风险判断和决策过程中，受自身认知结构、心理状态等的影响，而产生的系统性误判，如过度自信、损失厌恶、锚定效应等。通过心理学知识和行为金融学的相关理论，个体投资者可以更好地识别和克服这些认知偏差，从而降低操作风险的发生概率。

操作风险的评估不是停留在提前的识别和量化阶段，而是需要实时的监控和动态调整。随着市场环境、投资策略的不断变化，操作风险也会随之发生变化。因此，实时监控系统和风险预警机制是必不可少的。现代技术手段如大数据分析、人工智能、区块链等，可以为操作风险的进一步评估和管理提供强有力的支持。例如，通过对交易数据的大规模实时分析，可以及时发现异常交易行为，从而预警和防范潜在的操作风险；通过区块链技术的透明性和不可篡改性，确保交易流程和信息流的安全性与可靠性，从源头上减少操作风险。

操作风险的应对和管理还需建立有效的风险文化和内部控制机制。风险文化是指企业或个体投资者在面对风险时所持有的态度、价值观和行为准则，它直接影响到风险识别、评估和管理的效果。在投资过程中，需树立“风险无处不在”的观念，并将其融入日常的决策和操作流程中。内部控制机制是确保投资流程规范化、标准化的有效手段，它涉及权限管理、岗位分离、流程监督、定期审计等一系列管理措施，通过这些措施，确保每一个操作环节都有明确的责任主体和监督机制，从而减少操作风险的发生。

五、流动性风险评估

流动性风险评估影响着投资者在不确定市场情况下的资金流动和资产管理能力。从个体投资者的视角来看，流动性风险评估可以直接决定投资组合的调整空间和应对市场波动的弹性。因此，进行全面、细致的流动性风险评估是每一位投资者必须掌握的重要技能。

流动性风险，简单来说，是指资产在短时间内变现而不显著损失其价值的能力。流动性风险评估的过程并不单纯依赖现有的市场数据和直观判断，还需要综合多方面的考量，包括市场深度、资产性质、市场条件变化以及投资者的自身需求与偏好等多个维度。

市场深度是流动性风险评估的一个重要衡量标准。市场深度反映了一个市场在不显著改变价格的情况下吸收交易量的能力。深度大的市场，买卖活动频繁，交易成本较低，流动性风险也相对较小。个体投资者需要通过每天的交易量、交易额等数据来分析市场的深度，这一分析可以帮助判断特定资产在市场中的供需均衡状况以及潜在的流动性情况。从个体投资者的角度来看，选择深度较大的市场进行投资，有助于减少因大额交易而引发的市场价格波动，并在必要时快速变现资产。

资产性质在流动性风险评估中起到关键作用。不同性质的资产的流动性有很大的差异。现金、存款等流动性资产可以迅速变现且价值损失较少，相对而言，股票、债券等证券的流动性则取决于其市场需求和市场状态。商业地产、艺术品等非流动性资产变现难度更大、时间更长且价格易波动。个体投资者在进行流动性风险评估时，必须认真考量所持资产的性质，审慎评估哪些资产可以快速变现应急，哪些资产需要更长的变现时间和能够容忍较大的价格损失。资产多样化配置方法可以增强整体投资组合的流动性，降低单一资产变现困难带来的风险冲击。

市场条件变化对流动性风险的评估也至关重要。市场行情的波动、政策的调整、经济周期波动等都会直接影响资产的流动性。在高波动性市场中，资产价格波动剧烈，流动性往往较差；反之，在稳定市场环境中，流动性相对较好。个体投资者需要密切关注市场动态，通过分析市场信号和经济数据来预判市场变化对资产流动性的影响，及时调整投资策略来规避潜在的流动性风险。同时，市场条件变化往往带来交易成本的变化，密切关注交易成本的波动情况，也是流动性风险评估的重要一环。

个体投资者的自身需求与偏好直接影响到流动性风险评估的操作与执行。不同的投资者有着不同的风险承受能力和流动性需求。对于高风险偏好的投资者，他们可能更愿意接受流动性较低但潜在收益较高的投资品种；而对于保守型投资者，他们可能更看重投资品种的变现能力和安全性。因此，在进行流动性风险评估时，个体投资者需要首先明确自身的流动性需求，如紧急资金储备、生活费用安排等，以此为基础制定符合自身流动性需求的投资策略。通过对资产进行合理的期限匹配，将短期需要变现的资金配置在高流动性的资产上，长期资金则分配到收益相对较高但流动性较低的资产上，以平衡收益与流动性需求。

流动性风险评估方法还包括对流动性指标的定量分析。常见的流动性指标有流动比率、速动比率、现金流量比率等，这些指标通过对资产负债表、现金流量表的分析来勾勒企业或投资组合的流动性情况。通过定量分析，投资者可以更直观地了解资产的流动状况，为制定投资决策提供科学依据。同时，历史数据的分析也是评估流动性风险的有效手段，通过对资产在不同市场环境下的表现进行回溯，投资者可以预判其在未来市场变化中的流动性情况。

第二节　风险承受能力分析

一、风险承受能力的定义

风险承受能力是投资者在一定经济环境和个人财务状况下，能够接受并应对市场波动和可能损失的心理和经济能力，核心在于投资者面对风险时的心理状态和经济承受力。在评估和管理投资风险的过程中，理解并准确衡量投资者的风险承受能力是至关重要的一环。这不仅关乎投资者的理性决策，也是实现长期投资目标、避免重大损失的重要保障。

风险承受能力涵盖心理和经济两个方面。从心理层面来看，不同投资者对风险的态度存在明显差异。有些投资者天性较为保守，对市场波动较为敏感，容易在市场出现短期下跌时产生强烈的负面情绪，甚至宁愿选择立即抛售以求自保。心理承受能力的差异往往源于个人过去的投资经历、个性特质及风险认知水平。相较之下，另一些投资者则表现得更具冒险精神，愿意在市场低迷时继续持仓，甚至加仓，以期享受未来市场反弹所带来的更高收益。心理层面的风险承受能力往往需要通过问卷调查、心理测试等方式进行评估，这能帮助投资者更清楚地理解自身面对风险时的反应机制，进而调整投资策略以符合自身特点。

从经济层面来看，风险承受能力主要考虑的是投资者的财务状况及其对市场波动的实际承受力。一个财务基础坚实、收入稳定、负债较少的投资者，往往具备更高的风险承受能力，因为即使市场出现重大波动，他们也有足够的财力资源和时间去抵御短期损失，等待市场回暖。然而，对于那些收入不稳定、负债高企、缺乏充足应急资金的投资者而言，一次大的市场波动可能会对其生活造成严重影响，甚至迫使他们在不适当的时机卖出资产，从而锁定损失。因此，在评估经济层面的风险承受能力时，需要全面考虑投资者的收入来源及稳定性、负债水平、生活费用及紧急备用金等各种因素。

进一步细化来看，风险承受能力的分析需要将投资者的生命周期阶段纳入考量。年轻投资者通常拥有较长的投资期限，他们可以承担更多的市场波动，因为时间有助于平滑短期波动的影响，未来的收入增长潜力也为其提供了承担更高风险的可能性。因此，年轻人一般能够承受较高的市场波动，希望通过提升风险级别获取更高回报。而接近退休或者已经退休的投资者，在面对风险时通常都较为谨慎。一方面，他们的收入主要依赖固定收益；另一方面，他们对生活的财务需求较为稳定，缺乏进一步积累资本的时间和机会，因而更倾向于保持资产的保值和增值。

评估投资者的风险承受能力时，还需考虑其风险认知。这主要涉及投资者对金融市场的了解程度及其对不同风险的理解能力。高风险承受能力的投资者通常具备较高的金融素养，对各种投资工具的风险特性有清晰的认知，能够理解并接受市场波动带来的短期不确定性。他们可以通过分散投资、选择合适的资产配置策略来合理规避风险，从而更好地实现长期投资目标。反之，低风险承受能力的投资者则对金融市场的知识和理解往往有限，容易受到市场情绪的影响，进而作出不够理智的投资决策。提升投资者的金融素养，强化其对风险的认知，是提高其风险承受能力的重要步骤。

二、自我评估工具的使用

投资决策是一个复杂且充满不确定性的过程，其中涉及相当多的变量和风险因素。对于个体投资者而言，充分认识和理解自己的风险承受能力，是制定有效投资策略的关键因素。在风险承受能力分析中，自我评估工具的使用具有非常重要的意义。这些工具不仅可以帮助投资者理解他们在面临潜在损失时的心理和行为反应，还可以为其量身定制合适的投资组合提供宝贵的指导。

需要明确的是，自我评估工具大多基于心理学和行为金融学的原理，以多维度、多层次的方法来评估投资者的风险承受能力。常见的评估工具包括风险承受能力问卷、情景模拟测试、行为追踪以及即时反馈系统等。这些工具通过收集投资者在不同情景下的反应数据，加以定量及定性分析，可以生成相对准确的风险承受能力报告。

风险承受能力问卷是最常用的自我评估工具之一。它通常包括一些关于投资者的年龄、收入水平、财务目标、投资经验、风险偏好以及对市场波动容忍度的选择性问题。通过对这些问题的回答，能够帮助投资者了解自己在面对市场波动时的心理感受和行为反应。问卷的输出结果通常会给出一个风险等级，这个等级可以作为投资组合配置的参考基础。例如，对于风险承受能力较高的投资者，资产配置中可以倾向于选择高风险、高收益的股票和其他类资产，而对于风险承受能力较低的投资者，则应当更多地配置固定收益类或低风险的投资品种。

情景模拟测试主要通过模拟现实中的市场波动和不确定性情景，来观察投资者的反应。相比于问卷，这种方法可以提供更多的互动性和动态反馈。投资者在模拟环境中进行交易决策，系统会记录其整个过程中的情绪波动、决策变化和反应时间等，并通过模型分析出其在不同情景下的风险承受能力。这种方法不仅能够帮助投资者了解他们在特定市场状况下的表现，还可以帮助其识别出心理弱点和行为偏差，及时调整其投资策略和心态。

行为追踪是一种更为长期的评估方法，通过对投资者过去的交易记录、投资决策和风格进行持续监测，来评估其风险承受能力。这种方法的优势在于，其所分析的数据更加真实和全面，可以更加准确地反映投资者实际的风险偏好和承受能力。对于长期投资者，行为追踪工具不仅可以帮助其了解自身的风险承受趋势和变化，还可以为其提供科学的投资决策支持。

即时反馈系统是一种新兴的风险评估工具，它通过实时分析市场动态和投资者的行为反应，快速生成风险承受能力报告，并提供及时的投资建议。这种工具多应用于智能投顾和电子交易平台，借助大数据和人工智能技术，能够快速处理大量的市场信息和用户数据，生成个性化的风险分析和投资建议。即时反馈系统不仅能够帮助投资者在快速变动的市场环境中及时作出决策，还帮助其避免由于情绪波动和短视行为带来的投资损失。

在实际应用中，自我评估工具的使用还应当结合投资者的个人特质和背景，以便生成更加精准的风险评估结果。例如，年龄较长的投资者通常风险承受能力较低，因此，更倾向于保守的投资策略；而年轻投资者则相对更能接受高风险、高收益的投资。另外，投资者的财务状况、收入来源的稳定性以及家庭责任情况等因素，也会影响其风险承受能力。因此，在使用风险评估工具时，必须充分考虑这些个性化因素，才能够确保评估结果的准确性和可靠性。

虽然自我评估工具在风险承受能力分析中起到了重要的作用，但其也有局限性，需要谨慎使用。问卷和情景模拟测试主要依赖投资者的自我认知和表达，而个人在面对风险时的真实反应，可能与其自我认知有偏差。同时，情景模拟和行为追踪方法虽然更为直观和真实，但其数据分析和模型构建也可能受到市场环境变化与个人情绪波动等因素的影响。因此，投资者在使用这些工具时，应当结合多种方法，从多个角度进行综合评估，以获得更为全面和准确的风险承受能力分析结果。

三、投资者情绪影响

投资者情绪作为一种主观心理状态，对风险承受能力分析和投资决策过程具有重要影响。这种影响既可以是正面的，也可以是负面的，从而显著改变投资结果。在风险承受能力分析中，投资者情绪是一个不可忽视的因素，它通过多种途径影响着投资者的风险评估和管理决策。

当市场处于牛市阶段时，投资者情绪普遍乐观，投资热情高涨。面对正面的市场表现，投资者往往会过度自信，这种心理状态会使投资者低估市场风险，可能会更倾向于投资高风险、高回报的金融产品，如高收益债券、股票或衍生品等。然而，当市场情绪过于乐观时，投资者容易忽视潜在的下行风险，造成过度投资，最终可能导致投资损失。因此，在牛市阶段，尽管投资者的风险承受能力似乎有所增强，但实际上，这种增强可能是一种假象或错觉，并不代表投资者真正提高了抗风险的能力。

相比之下，当市场进入熊市，投资者情绪往往偏向悲观，恐惧心理普遍存在。这种负面情绪会使投资者变得保守，风险厌恶情绪上升，相应地，他们的风险承受能力显著下降。在熊市中，投资者常常在自卫心理的驱动下，减少高风险资产的配置，转向低风险投资，如国债、现金等。然而，过度的悲观情绪同样可能导致非理性的投资行为，如恐慌性抛售，进一步加剧市场的波动。因此，在熊市阶段，投资者虽然表现出更谨慎的风险承受态度，但这种态度并非完全基于理性判断，更多的是受情绪波动的影响。

情绪不仅会影响投资者的当前决策，还会对其长期投资行为产生深远的影响。情绪驱动的投资决策往往表现出某种周期性和趋势性。例如，在长期市场上涨的过程中，投资者的乐观情绪会逐渐累积，风险承受能力逐步提高；而在长期市场下跌的过程中，悲观情绪同样会积累，风险承受能力逐步降低。但是，无论是乐观情绪还是悲观情绪，这些心理状态都具有短暂性和易变性，而非稳定的长期特征。这意味着投资者在情绪驱动下所作出的投资决策通常缺乏可持续性，一旦市场环境发生变化，投资者的情绪和风险承受能力也会随之波动，导致投资策略的频繁调整和优柔寡断。

情绪对风险承受能力的影响会通过投资者的认知偏差体现出来。例如，“损失厌恶”是指投资者对损失的敏感程度远高于对收益的敏感程度，即使面对同等数额的收益和损失，投资者也会因为可能的损失而产生更强烈的负面情绪。因此在决策时，投资者往往会选择避免可能带来损失的投资方案，从而表现出较低的风险承受能力。相反，“赌徒谬误”则使得投资者在亏损后倾向于增加投资，试图通过高风险、高回报的交易来弥补损失，这时投资者的风险承受能力往往显著增加，但这种增加却缺乏理性依据。

市场情绪的波动不仅源自投资者内部心理因素，还受到外界信息和事件的强烈影响。重大经济数据的发布、政策调整、国际局势变化甚至重大自然灾害等都可能迅速改变市场情绪。例如，一则关于经济衰退的新闻会迅速蔓延市场恐惧情绪，从而导致投资者风险承受能力的瞬间大幅下降；相反，政策宽松的消息则可能激发市场乐观情绪，提高投资者的风险承受能力。而且在信息传播迅速的互联网时代，情绪的扩散和感染速度更为迅猛，导致投资者的反应更加剧烈和不可预测。

为了更好地管理和利用情绪对投资决策的影响，投资者可以采取一系列措施。首先，投资者需要认识到情绪对投资决策的影响，并通过自我反省和评估来保持情绪稳定。其次，制订一套科学的投资计划和策略，并严格执行，尽量减少情绪波动对决策的干扰。再次，投资者可以利用专业的金融顾问和风险管理工具，进行客观和理性的风险评估与管理，借助外部力量克服个人情绪的影响。最后，投资者也应加强对金融知识和市场分析技能的学习，提高自身的认知水平和调整报酬预期，从而形成理性、健全的风险承受心态。

四、个人财务状况分析

通过对个人财务状况的全面分析，个体投资者能够更加清晰地了解自身的经济实力以及在投资过程中能够承受的风险程度。个人财务状况主要包括资产、负债、收入和支出四个方面，每一方面都在投资决策中起着重要的作用。

资产状况是分析财务状况的起点，也是最为直观的指标。个人资产包括现金、银行存款、股票、债券、房地产以及其他形式的可变现资产。这些资产的总和构成了个人的净资产。通过分析个人资产的种类与分布，可以判断其流动性、稳定性和风险性。例如，现金和银行存款属于流动性较高的资产，能够在紧急情况下迅速变现，提供保障；房地产虽然价值较高，但流动性较低，变现需要较长时间；而股票和债券虽然可以在短时间内变现，但由于市场波动，其价值不确定性较大。因此，在评估投资风险时需要综合考虑这些资产的特点。

负债状况也是个人财务状况分析中不可忽略的一个方面。负债包括各种贷款、信用卡欠款及其他形式的债务。负债的大小和结构直接影响个人的财务安全。一方面，高负债意味着每月需要支付大量的利息和本金，增加了财务压力；另一方面，如果负债比例过高，可能会影响未来的借贷能力，限制投资机会。因此，在进行投资决策前，必须了解和控制自身的负债规模，以便在遇到财务困境时不会陷入更大的危机。

收入和支出是财务状况分析的重要组成部分。收入方面，除了工资收入外，还应包括其他形式的收入，如租金收入、投资收益等。了解自身的收入来源和总额，能够帮助投资者判断其现金流状况和未来的收入潜力。如果收入稳定且来源多样，投资者可以在投资时采取相对积极的策略，因为他们有稳定的现金流来应对可能的风险。然而，如果收入不稳定或者季节性波动较大，那么投资者在作投资决策时应谨慎，选择更加稳健、安全的投资工具。

同样重要的是支出状况。支出包括日常生活开销、教育费用、医疗费用及其他各种非经常性支出。通过详细记录和分析支出情况，投资者可以识别出哪些支出是固定的、必需的，哪些是可变的、可以调整的。高负担的固定支出会降低投资者的风险承受能力，因为这些支出在任何情况下都无法削减。因此，投资者需要根据自身的支出状况来进行合理的预算规划，确保在最坏情况下也不会影响基本生活质量。

个人的储蓄率也是一个衡量财务健康状况的重要指标。储蓄率即个人每月储蓄占总收入的比例。较高的储蓄率意味着个人有较强的财务规划能力，同时也在为未来的意外开支或投资机会做准备。相反，过低的储蓄率可能预示着个体在应对突发事件时的能力不足，增加了财务风险。

除了上述的量化数据，财务状况分析还需要关注一些定性的因素。个人的财务目标、风险偏好以及家庭的财务状况都会影响个体的风险承受能力。比如，一个年轻的单身投资者与一个已经有家庭并需要支付子女教育费用的投资者，他们在面对同样的投资机会时，可能会有完全不同的风险偏好和决策。

财务状况的分析不应该是一次性的，而应该是动态、持续的。随着个人职业发展、家庭结构变化、市场环境变动，财务状况也会不断变化。因此，个体投资者应定期复盘和评估自身的财务状况，及时进行调整，以保持财务健康和风险承受能力的平衡。

五、个性化风险容忍度

个性化风险容忍度是评估个体投资者能够在其投资决策中承受多大的风险的一项关键要素。风险容忍度是个体投资者在经济和心理层面能够承受的不确定性或损失的能力和意愿。这个概念不仅涉及投资者的经济条件和资金状况，还涵盖了他们的心理特质、价值观念以及对待风险的态度。

从经济条件方面来看，个体的财务状况直接影响他们的风险容忍度。具备雄厚资本和稳定现金流的投资者更倾向于在高风险项目中进行较大比例的投资，因为他们有一定的保障，即使在投资出现损失时，也能够保持其生活质量和经济稳定。而对于那些缺乏安全储备的投资者，他们更倾向于选择低风险、稳定回报的项目。这个层面不仅包含了投资者现有的财务状况，还需要考虑到可能的负债情况以及未来的收入预期，如职业前景、薪资增长潜力等。

心理层面则是个性化风险容忍度不可或缺的一部分，每个人对风险的感知与反应可能存在巨大的差异。有些投资者天生是冒险者，他们对待风险充满兴趣和挑战精神，即使面临潜在的亏损也能保持冷静，甚至能够享受其中的刺激和不确定性。而另一些人则天生对风险敏感，容易在市场波动中表现出紧张和焦虑，这类投资者倾向于选择保守性的投资策略，以求内心的安定和安全感。因此，理解和评估投资者的心理特质对于确定其风险容忍度是至关重要的。现代心理学研究提供了各种工具和评估方法，如问卷调查、心理测试等，有助于深入了解投资者的心理特征和风险承受能力。

价值观也是影响风险容忍度的重要因素之一。不同投资者的价值观会影响他们对风险和收益的看法。例如，有些人看重的是长期的财务自由和稳定，他们愿意在较长一段时期内承受低风险、稳定增长的投资，而另一些人则更加重视短期内的收益，他们愿意承担更高的风险以求快速获利。此外，家庭和社会的影响也不可忽视，家庭中主要负责经济事务的人其价值观和风险偏好可能会对整个家庭的投资策略产生深远影响。

个性化风险容忍度的评估需要综合多方面的信息和数据。第一步是数据收集，通过调查表、面对面的访谈以及分析历史投资行为等方式，收集投资者过去的投资决策、收益和亏损情况，这可以为分析其风险承受能力提供基础数据。接下来，需要进行综合分析，通过将个人的财务状况、心理特质和价值观等多个维度的信息相结合，构建出一个全面的风险评估模型。在这个模型中，可以引入风险测量工具，如风险量表、心理评估问卷等，帮助量化投资者的风险容忍度。

评估个性化风险容忍度的最终目的是为投资者制定适合他们自身特点的投资策略。通过了解投资者的风险承受能力，可以帮助其选择合适的投资组合和资产配置，提高投资的有效性和安全性。例如，对于风险容忍度较高的投资者，可以推荐一些高收益、高风险的投资产品，如股票、期权等；而对于那些风险容忍度低的投资者，则可以建议他们选择一些低风险、较稳定的投资形式，如政府债券、储蓄等。同时，建议投资者定期评估自己的风险容忍度，因为其经济状况、家庭结构以及心理特质等因素可能随时间变化，这些变化都会影响投资决策。

个性化风险容忍度还需要考虑时间因素，不同的时间跨度可能需要不同的风险管理策略。例如，年轻的投资者有较长的投资时间，他们通常可以承受更大的短期市场波动，从而获取更高的长期收益。而即将退休或者已经退休的投资者面对的是如何保证退休生活的稳定和舒适，风险承受能力普遍降低。因此，在不同的人生阶段，需要不同的投资组合和策略来应对个人的风险容忍度。

第三节　风险管理策略

一、风险分散策略

风险分散策略是指通过将投资分散在不同资产或投资项目中，来降低整体投资组合的风险。个体投资者需要认识到，分散投资不仅是购买多种资产，还要科学地选择投资对象，使得资产之间具有较低的相关性，从而达到分散风险的效果。

在投资组合构建的过程中，风险分散策略的核心是降低单一资产对投资组合整体风险的影响。通过持有多个资产，即使某一资产表现不佳，其对整个投资组合的负面影响也可以被其他表现较好的资产抵消。这种方法可以有效地减少由单个资产的不确定性带来的风险，从而提升整个组合的稳健性。

对于个体投资者来说，风险分散可以在以下几个层面上进行。

首先，在资产类别间进行分散。例如，将资金分配在股票、债券、房地产、现金等不同资产类别中，因为这些资产类别的市场表现往往并不同步，所以可以通过分散持有来降低总体风险。股票和债券的价格一般呈现一定的负相关性，即在经济繁荣阶段股票表现良好，而在经济衰退阶段债券表现较好，这样通过分散投资可以实现风险对冲。

其次，在一个特定资产类别内部进行分散也是至关重要的。以股票投资为例，投资者应当在不同的行业、地域和企业之间进行分散。一个典型的做法是购买不同行业的股票，如金融、科技、消费品等各个领域的企业股票，因为不同领域的企业所面对的市场风险和经营风险各不相同，跨行业地分散可以进一步降低风险。此外，地域分散也很重要，通过投资于不同国家和地区的股票，可以减少某一个市场或地区经济波动对整个投资组合的影响。投资者还可以选择不同比例的成长型、稳定型和收入型股票，从而使得投资组合既可以享受到市场增长的红利，也能获取到较为稳定的收益。

相较于股票，债券作为一种较为稳健的投资工具，也需要进行分散。不同类型的债券（如政府债券、公司债券、高收益债券等）、不同期限的债券以及不同信用等级的债券，都会受到不同的市场因素影响，从而具有不同的风险和收益特征。通过组合不同类型的债券，可以在获得一定收益的同时，更好地控制风险。

最后，除了在资产类别和类别内部进行分散，个体投资者还可以考虑时间上的分散策略。这是通过在不同的时间点投资，来减少市场时机不确定性对投资的影响。例如，采用定期定额投资法，在固定的时间间隔内投资固定金额。这种方法可以平滑购买价格，减少投资市场的时机风险，长期而言也能降低平均成本，从而提高投资回报率。

值得一提的是，虽然风险分散策略能够显著降低单一资产对总体投资风险的影响，但并不能完全消除投资风险。系统性风险，也就是整个市场环境变化所带来的风险，无法通过分散投资完全规避。然而，通过科学的资产配置和及时调整投资组合，仍然能在一定程度上减小遭受系统性风险的损失。

在实际操作中，实现有效的风险分散也需要考虑成本和效率问题。频繁调整投资组合会带来交易及税务费用方面的增加，如果分散过度，管理难度也会加大。因此，投资者在制定分散策略时，应结合自身情况、投资目标与风险承受能力，寻找一个既能有效分散风险又能控制成本和提高管理效率的平衡点。

此外，风险分散策略也需要与其他风险管理工具和方法结合使用，如对冲、保险等。对于某些特定市场风险，投资者可以通过金融衍生工具来对冲部分风险，或者对于一些无法完全分散的风险如自然灾害等，可以利用保险产品来转移风险。多种方法相结合可以更全面地覆盖风险管理的不同方面，形成更全面、立体化的风险管理体系。

二、对冲策略

对冲策略是风险管理中一种重要且常用的手段，对于个体投资者来说，理解和应用对冲策略可以有效减少投资组合中的不确定性，明确风险敞口。对冲策略主要是在持有一项投资的同时，进行另一项有潜在逆向相关性的交易来减小整体风险。对冲的基本原理是，当某一资产的价值下降时，另一资产的价值上升，从而使总的投资价值维持在较为稳定的范围内。

首先需要了解的是对冲工具的选择。在金融市场中，常见的对冲工具包括期货、期权、互换以及其他衍生品。每种工具都有其特定的风险和收益特征，根据投资者的投资组合和风险承受能力，不同的对冲工具适用不同的市场环境和投资需求。

期货是一种有效的对冲工具，通过在期货市场上买入或卖出一定金额的合约，可以锁定未来价格，从而对冲现有资产的价格风险。例如，持有大量股票的投资者可以在期货市场上卖空股票期货，减少市场下行风险。

期权作为一种灵活的对冲工具，其特点是投资者通过支付期权费获取在特定价格水平买入或卖出资产的权利而不是义务。通过购入看跌期权，投资者可以锁定潜在的损失。同时，看涨期权也通过增大收益的潜力为长期持有者提供了更多的收益机会。期权的复杂性较高，但其灵活性和潜在收益令其成为市场中广泛应用的对冲手段之一。

对于一些更为复杂和多样化的投资组合，为了对冲利率、汇率等市场风险，互换交易也被频繁采用。互换是指两方同意在未来按照预定的规则交换一系列现金流，如利率互换和货币互换。通过互换，可以将浮动利率债务转换为固定利率债务，从而锁定负债成本，或者通过货币互换对冲跨国投资的外汇风险。

选择适当的对冲工具只是对冲策略的第一步，精准的对冲规模也是至关重要的。对冲比例是对冲工具的持仓量相对于被对冲资产的持仓量，这一比例应基于投资组合的总体风险暴露程度来确定。全额对冲一般意味着以一对一的比例配置对冲工具，使得整体投资组合的价格风险被完全阻断。然而在实际应用中，部分对冲和动态对冲策略更为常见。部分对冲是对冲比例小于100%，使得投资者在一定程度上暴露于市场风险，可以继续享受市场涨幅的收益，而不是完全中止在市场中的参与。动态对冲是根据市场条件变化不断调整对冲头寸，保持对冲的有效性。例如，在股票价格上升时减少对冲头寸，而在价格下降时增加对冲头寸，从而在增强收益的同时抑制潜在的亏损。动态对冲的有效实施要求投资者对市场走势有较强的预判能力以及快速反应能力，以在合适的时机调整持仓。这涉及复杂的风险模型和策略，使得动态对冲在应用上更为复杂，但它也为有经验的投资者提供了增值机会。

除了对冲规模，对冲的时间维度同样重要。一种常见的对冲失误表现在对冲期限与被对冲资产的持有期限不匹配。例如，短期的对冲工具无法覆盖长期的风险暴露，这会导致在对冲工具到期后面临未预测到的市场波动。为了避免这种情况，投资者应根据投资组合的期限特征选择合适的对冲工具期限，如长期投资组合应结合长期对冲工具。

风险管理中的对冲策略不仅限于单一资产类别，还需综合多资产类别的对冲方案。例如，持有股票与债券的投资组合可以借助股票期货对冲股票市场的系统性风险，同时用利率互换对冲债券市场的利率风险。这种跨市场对冲不仅可以分散风险，还能优化组合收益。在多资产组合对冲中，对冲工具之间的相关性控制显得尤为重要。如果所选择的对冲工具之间相关性不大甚至负相关，可能加剧组合的波动，从而无法达到对冲目的。

投资者还需考虑的是经济周期和宏观经济环境对对冲策略的影响。在经济扩张期，市场总体风险较低，投资者可以采用较低的对冲比例，提高组合收益；而在经济衰退期，市场风险上升，此时需提高对冲比例，从而减小市场下行对投资组合的冲击。此外，政策变化、通货膨胀、地缘政治风险等外部因素对市场波动具有较强影响，对冲策略应根据政策环境变化灵活、主动调整。

对冲策略的成本效益分析也值得重视。虽然对冲可以有效地降低风险，但同时也带来了对冲费用，如期权费、交易成本等。过度对冲不仅会导致高额费用，还可能抑制潜在收益。因此，在进行对冲操作时，需要仔细权衡风险控制与成本之间的关系，使得整体投资组合达到最优风险收益比。

在实际应用中，对冲策略的成功还需配合科学的风险管理体系，包括明确的风险偏好、严格的风控制度和及时的风险评估。投资者应根据市场变化和自身情况不断优化对冲策略，确保其在不同市场环境下的适应性和有效性。科学有效的对冲策略，能为投资组合在充满不确定性的市场中提供稳定支撑，保障个体投资者的长期收益。

三、危机管理方案

在复杂多变的投资环境中，个体投资者往往会遇到各种风险与不确定性。制订有效的危机管理方案是帮助投资者在突发情况下保护资产、减少损失的重要手段。危机管理方案不仅包括在危机发生时的应对措施，还涵盖了危机发生前的预防和风险缓释策略。如何科学地制订和实施危机管理方案，是每一个理性投资者必须掌握的技能。

危机管理方案的制订需要从风险识别和评估开始。识别风险是制订任何管理计划的第一步，投资者需要全面了解自身面临的潜在风险类型，包括市场风险、信用风险、流动性风险、操作风险等。一旦识别了风险，接下来要对这些风险进行评估，包括发生的概率和可能造成的影响。这一过程可以通过定量和定性的方法进行，其评估结果将为后续的危机管理措施提供依据。

有效的危机管理方案需要包含预防性措施和应急预案。预防性措施是为避免风险变成实际损失而提前采取的行动，如分散投资、设置止损点、购买保险等。分散投资通过配置不同资产类别和区域的投资，降低单一市场波动对总体投资收益的影响。设置止损点是在市场下跌到某一程度时主动卖出资产，以避免更大的损失。购买保险则是一种将特定风险转移给保险公司的方式，如对于投资房产的人来说，可以购买火灾或地震险等。此外，定期进行持仓分析和业绩评估，随时调整投资组合，也是预防性措施的重要组成部分。

应急预案是危机发生时具体应对操作的详细计划。在应急预案中，投资者需要明确在不同类型的危机条件下所采取的具体步骤和操作方法。应急预案通常涵盖以下几个方面：资金流动性管理计划、资产减记和转移、大宗退出策略和沟通机制。资金流动性管理计划包括保持一定量的现金储备或高流动性资产，以确保在突发事件中拥有足够的资金应急。资产减记和转移涉及在市场剧烈波动时，通过逐步调整资产配置减少高风险资产的比重，并将其转移到风险较低的投资类别。大宗退出策略是在市场剧烈波动时，通过计划性地逐步退出市场，以减少因风险而紧急撤退带来的市场冲击和交易成本。沟通机制则是确保在危机发生期间，投资者能够与财务顾问、经纪人及其他相关方保持畅通的沟通，以便作出快速、有效的决策。

心理稳定性和决策科学性在危机管理中同样重要。研究表明，金融危机期间，投资者容易受到情绪波动的影响，作出过于激动或者偏激的投资决策。这种情绪驱动的决策往往会加剧损失。因此，危机管理方案中还应包括提升投资者心理稳定性的方法。通过建立客观的决策流程和严格的执行纪律，可以减少情绪对决策的干扰。同时，投资者还应当培养理性的市场观，理解市场波动不可避免，保持冷静和耐心，避免在市场剧烈波动时随波逐流。此外，危机发生后应及时进行反思和总结，通过分析应对危机过程中采取的措施和效果，找到不足和需要改进的地方，为未来的投资决策提供经验支持。

运用先进的技术和工具也是进行现代危机管理的重要手段之一。例如，使用大数据和人工智能技术可以大幅提高风险监测和预警的精度与及时性。大数据分析能够通过分析海量的市场数据、新闻资讯和社交媒体信息，识别潜在的市场风险信号，并在风险还未显现时提供预警。人工智能算法通过机器学习技术，可以模拟和预测不同风险情景下的市场反应，为投资者提供多种策略选择和应对方案。在应急反应阶段，基于云计算和区块链技术的交易平台可以确保在剧烈波动期间依然保持交易的快捷和透明，提高决策执行的效率和安全性。

良好的危机管理方案还应当重视对法律和合规风险的防范。在金融投资领域，政策和法律环境的变化是影响市场波动的重要因素之一。投资者应时刻关注相关法律法规动向，通过专业的法律顾问团队确保投资行为符合法规要求，避免因法律纠纷造成的不必要损失。合规风险防范需要投资者结合自身投资领域的特点，制定相应的合规管理制度和流程，确保投资活动的合法性和合规性。

四、投保和保险产品

投保是指个体或组织通过支付保费，将某些特定风险转移到保险公司，以获得经济保障的行为。保险产品则包括各种可以用于风险保障的保险合同。及时投保可以帮助个体投资者应对在投资过程中可能遇到的各种风险。以下从投保的动因、保险产品的种类以及如何选择合适的保险产品等角度，深入探讨投保和保险产品在风险管理中的应用。

个体投资者进行投保的主要动因包括风险转移、资产保护和心理安慰。在投资过程中，不确定性是不可避免的，如市场波动、经济下滑、自然灾害或个人健康问题等。这些不确定性可能会导致投资损失，甚至影响生活质量。投保可以通过向保险公司支付一定的保费，将这些风险转移给保险公司，一旦发生保险事故，由保险公司承担相应的经济赔偿责任。这不仅可以减少突发事件带来的巨大经济压力，还能保护个人资产免受重大损失，维持家庭财务的稳定。此外，在心理层面上，投保可以提供一种安全感和心理安慰，使投资者在进行投资决策时更加淡定。

保险产品种类繁多，不同种类的保险产品适用于不同的风险管理需求。人寿保险是一种常见的保险产品，用于提供身故或全残保障，非常适合有家人依赖的个体投资者。一旦被保险人身故，其受益人将获得保险金，从而减轻家庭经济负担。健康保险则是另一类重要的保险产品，可用于覆盖疾病治疗费用、住院费用等，防止医疗支出对个人或家庭财务造成重大冲击。财产保险主要用于保护个人或家庭财产，如住房保险、汽车保险等，可以覆盖自然灾害、人为损坏、盗窃等风险。此外，意外事故保险可以提供在发生意外事故时的经济保障，对于从事高风险职业或经常出差的投资者尤为重要。责任保险如职业责任保险、第三方责任保险等则主要用于赔付因个人或业务行为给第三方造成的损失，特别适合职业风险较高的人群。

选择适合自己的保险产品涉及多个方面的考量，包括自身风险识别、财务状况分析、保险公司信誉等。个体投资者应先进行风险识别与评估，了解自己面临的主要风险类型、风险发生的可能性以及可能带来的后果。明确这些风险后，才能有针对性地选择保险产品。财务状况是选择保险产品的重要因素，应综合考虑保费支出与保障额度之间的平衡，确保保费支出不对日常生活造成压力，同时保障额度能够覆盖潜在的风险。保险公司的信誉和理赔能力也是关键因素，选购保险应优先选择信誉好、服务保障强、理赔效率高的保险公司。

在实际应用中，个体投资者在投保时应掌握一些基本技巧和注意事项，确保投保行为有效、适宜。购置保险前，应详细了解保险合同的条款和细节，如保险范围、除外责任、保额、保费支付方式等，避免因理解误差导致保险不达预期效果。特别需要注意的是“免赔额”条款，免赔额是指在理赔时应由被保险人自行承担的部分，超过免赔额的部分才由保险公司承担。理解“等待期”也是必要的，即保险合同生效后的一段不可理赔的时间，用于防止逆选择行为。在选择保额时，不应简单地追求高保额，而应根据实际需要进行合理配置，以确保保费支出与保障值之间的平衡。

按照保险合同的要求进行定期保单检查和更新也非常重要，个体投资者的风险状况和财务状况可能会随着时间的推移发生改变，这需要定期审视当前的保单是否仍然合适，是否需要增加或减少保障额度、调整保费支付方式等。此外，还应该注意保险期间的责任变化，如结婚、生育、购置新房等重大人生事件，都可能需要重新评估风险管理需求，并作出相应的保险调整。

第五章

资产配置与投资组合构建

第一节 资产配置的原则与方法

一、风险承受能力评估

风险承受能力评估旨在衡量个体投资者在不同市场环境中的心理和财务反应，帮助其找到适合的投资策略和资产配置方式，以实现理性投资和风险管理。

首先需要明确的是，投资者的风险承受能力并不是固定不变的，而是受到多方面因素的影响。投资者的个人背景、财务状况、投资目标、投资期限、心理特质以及外部环境等多种因素都对其风险承受能力有直接的影响。个体投资者应当全面考虑这些因素，结合自身的具体情况进行系统化的评估。

对于个体投资者而言，财务状况是风险承受能力评估中的重要组成部分。收入水平、可支配收入、现有资产、负债情况等财务因素直接决定了投资者的风险承受能力。收入稳定且较高、拥有较多可支配收入和固定资产的投资者，相对来说具备较高的风险承受能力；相反，拥有大量负债或者收入不稳定的投资者，其风险承受能力就相对较低。在进行资产配置时，应根据自身的财务状况进行适当的风险衡量和投资决策，从而避免因过度冒险而导致的财务困境或损失。

投资目标和投资期限也是影响风险承受能力的重要因素。不同投资者的投资目标和时间跨度各不相同，有的追求短期收益，有的则倾向于长期稳健增值。短期投资者可能需要面对更多的市场波动和短期内的收益风险，因此其风险承受能力较低。长期投资者由于其投资时间跨度较大，能够更好地消化市场的波动，因而具备较高的风险容忍度。同时，明确的投资目标有助于投资者在面临市场不确定性时保持理性，更加坚定地执行既定的投资策略。

心理特质对于风险承受能力评估同样具有重要意义。每个投资者的风险偏好是不同的，有的人天生具有较高的冒险精神，能够承受较大的投资波动甚至损失，而有的人则更倾向于保守稳健的投资方式，不愿承受任何可能的风险。投资者的心理特质在很大程度上影响了投资行为，因此，在进行风险承受能力评估时，应对自己的心理承受能力和风险偏好有清晰的认识。可以通过问卷调查、模拟投资等方式，对投资者的心理特质进行具体量化，从而为资产配置提供指导。

外部环境也不可忽视。市场的宏观经济形势、政策变动、行业发展趋势等都会对投资者的风险承受能力产生影响。例如，在经济景气周期中，由于市场整体表现较好，投资者的风险承受能力可能会有所提升；而在经济衰退或政策不明朗的情况下，市场波动加大，投资者的风险承受能力则相对降低。因此，定期关注宏观经济和市场动态，调整自己的风险评估和投资策略，是维持合理投资的必要步骤。

在进行风险承受能力评估时，需要结合多种评估工具和方法。这些工具可以帮助投资者从多角度了解自己的风险承受能力，并且提供量化的结果便于进一步分析。此外，结合历史数据和模拟实验进行测算，以及咨询专业的理财顾问，能够更为准确地评估自身的风险承受能力。

在资产配置过程中，风险承受能力评估的结果直接影响投资组合的构建。高风险承受能力的投资者可以配置更大比例的高风险高收益资产，如股票、基金、期货等；而风险承受能力较低的投资者则应倾向于配置低风险的固定收益类产品，如债券、货币基金等，从而保持资产组合的稳健性。利用与自身风险承受能力匹配的资产配置方式，投资者能够在市场不确定性中保持投资信心，降低潜在的损失风险，达到收益和风险的最佳平衡。

投资者不仅需要在投资前期进行风险承受能力的评估，还应在投资过程中定期回顾和调整。随着年龄增长、收入变化、市场环境波动等各种因素的影响，个人的风险承受能力也会发生变化。因此，定期重新评估风险承受能力，及时调整投资策略和资产配置，可以保证投资者在不同市场环境中始终保持适应性和灵活性。

二、资产类别选择

资产类别选择不仅直接影响投资组合的风险和收益特征，还关系到投资者的财务目标能否实现。为了能恰当地选择资产类别，需要了解不同资产类别的基本特征、经济周期对其影响以及各类资产间的相关性。

不同类型的投资资产主要可以分为股票、债券、现金及现金等价物、房地产、商品类投资、另类投资等类别。每种资产都有其特有的风险收益特征和市场表现逻辑。前文已讲过股票和债券的相关内容，在此主要介绍其他几种。

现金及现金等价物，如存款和货币市场基金，是风险最低的资产类别，但它们的收益也很有限，通常只能跑赢通货膨胀。现金类资产具有高流动性，能为投资组合提供必要的流动性保障和应对突发情况的准备金。然而，在低利率环境下，持有大量现金会面临实际购买力下降的风险。

房地产作为一种实物资产，具有一定抗通胀特性，同时还能提供租金收益。然而，房地产市场受地区经济状况、政策法规、供需关系等多重因素影响，价格波动性大，同时流动性较差。此外，房地产投资需要考虑维护成本、税收以及管理费用等，这些都会影响实际收益率。在选择房地产投资时，地理位置、物业类型、租赁市场状况都是必须考虑的重要因素。

商品类投资主要包括贵金属、能源类商品、农产品等，其价值通常与宏观经济周期、供需关系及地缘政治等密切相关。黄金等贵金属被视为避险资产，通常在市场波动性增加时，其价值会有所上升。能源类商品如石油，受供需关系以及地缘政治的影响显著，不同时间段内的价格波动较为剧烈。商品类投资往往采用期货、期权等衍生品工具实现，投资者往往需要具备一定的专业知识，才能有效控制风险。

另类投资包括对冲基金、私募股权、艺术品、古董、加密货币等，它们通常具有较低的流动性和较高的复杂性。选择另类投资需要谨慎，在拥有潜在高收益的同时，这类资产也带来了高风险和高不确定性。对冲基金通过多种策略如多空投资、套利交易等，目的是降低波动性和提升回报，但透明度较低，使得投资者难以全面了解持仓和操作情况。私募股权则通过投资未上市企业实现资本增值，通常锁定期较长，且退出机制复杂。其他如艺术品、古董和加密货币等资产，虽然存在高回报的可能，但市场投机氛围较重、价格波动剧烈，投资者需要有足够的风险承受能力。

不同资产类别之间的相关性是构建投资组合时必须考虑的一个重要因素。尽量将相关性较低，甚至负相关的资产类别进行组合，能有效分散风险，平滑整体组合的收益。例如，股票和债券的相关性在大部分时间里较低，当股票市场表现不佳时，债券往往能起到对冲作用。此外，黄金等避险资产与股票的表现也有一定的负相关性，可以在市场波动时提供组合保护。通过合理配置不同相关性的资产类别，能够在不同市场环境下提高投资组合的稳定性和收益的确定性，有效实现多元化目的。

在进行资产类别选择时，要结合经济周期、市场环境以及自身风险承受能力进行判断。经济周期对不同资产类别的表现有显著影响。在经济繁荣阶段，股票和房地产等风险资产通常表现较好，而债券和现金类资产可能收益较低。在经济下行阶段，则风险资产的表现可能会受到压制，债券和避险资产如黄金可能表现较好。根据经济周期和市场环境动态调整资产配置，可以适应波动的市场，从而优化投资组合的表现。

三、战略性与战术性资产配置

战略性资产配置和战术性资产配置是资产管理与投资组合构建中至关重要的两个概念。它们分别对应长期和短期的投资策略，通过不同的方式来优化投资者的收益和控制风险。理解这两者的区别、联系及其实际应用，有助于个体投资者在不确定的市场环境下进行更为理智和有效的投资决策。

战略性资产配置是指投资者基于长期目标和风险容忍度，将资产分配到不同的资产类别中的过程。这种配置通常是较为稳定和长期的，它考虑的是投资者的整体财务目标、投资期限以及对风险的耐受程度。战略性资产配置的重要性在于，它通过多样化投资，减小单一投资的波动性，进而稳定投资组合的整体表现。例如，投资者可能决定将资产分配到股票、债券、房地产和其他替代投资中，并根据不同类别的风险和预期收益进行比例分配。在资产配置的过程中，需要对各类资产的预期回报、风险特征、相关性进行系统分析。利用这种方式，投资者可以根据自身的财务状况合理规划长期投资策略，达到资产保值增值的目的。

战术性资产配置则是在战略性资产配置框架下，短期调整资产权重以抓住市场时机的一种操作。战术性资产配置通常依据市场趋势、经济数据、政治事件等因素进行调整，是对宏观和微观环境变化的市场反应。投资者通过战术性调整试图利用短期市场波动获得超额收益，如在市场表现良好时增持股票或在经济不确定期购买避险资产。战术性资产配置要求投资者具备敏锐的市场洞察力和及时的反应能力，因为市场行情的变化往往复杂多变，时机稍纵即逝，所以投资者要在战略性资产配置的基础上，灵活运用战术性资产配置进行短期调整，以提高整体投资组合的回报。

战略性和战术性资产配置之间不是相互排斥的，而是相辅相成的。战略性资产配置为投资组合提供了一个稳定的框架，这个框架反映了投资者长期的目标和风险偏好；而战术性资产配置则在这个框架内为短期市场机会提供了灵活性和操作空间。两者结合，可以使投资组合既具有长期的稳健性，又能适应短期的市场变化，最大化投资组合的整体收益。

明确战略性和战术性资产配置的重要性之后，具体实操也尤为关键。在进行战略性资产配置时，投资者首先需要进行全面的财务规划，明确投资目标、期限和风险承受能力，这些都需要通过量化的数据和详细的分析来实现。常见的方法包括历史数据分析、资产的相关性和收益矩阵等。同时，投资者还需要定期审核和重新平衡组合，确保资产配置始终与长期目标和风险偏好一致。战术性资产配置需要投资者时刻关注市场动态，对经济形势、行业前景以及个别企业的情况作出迅速和准确的判断，这通常依赖技术分析和基本面分析相结合的方式。

为了在实际操作中更好地平衡这两种策略，投资者可以考虑建立一个投资委员会或借助专业的投资顾问。这样的团队和工具能够提供更全面的信息和更客观的决策，从而提升投资的科学性和专业性。此外，投资者也可以利用现代化的金融工具和技术，如智能投顾和大数据分析，这些工具能够帮助捕捉市场的微妙变化，提高投资决策的精确度。

风险控制在战略性和战术性资产配置中同样重要。战略性资产配置通过多样化投资降低风险，而战术性资产配置通过短期调整应对市场波动。两者结合，可以帮助投资者在不同的市场环境下保持相对稳定的投资回报。从长期来看，投资者要在战略性资产配置中注重长期回报和风险的平衡，避免过度调整导致的不必要风险。战术性资产配置虽然有可能带来短期的高收益，但也伴随着高风险，因此投资者要控制好战术性调整的频率和幅度，以避免频繁交易带来的成本和风险。

四、定量分析与模型应用

定量分析与模型应用在资产配置中是一种应用数学、统计和计算机科学等学科知识的投资决策方法。其核心是通过建立数学模型，利用历史数据和预测信息，量化各种投资组合的收益和风险，从而优化资产配置，实现投资目标。定量分析方法不仅适用于大型机构投资者，对于个体投资者而言，还能够提供科学的指导，提升投资决策的准确性和效果。

定量分析中的关键步骤之一是构建投资组合模型。标的资产的选择是构建投资组合的首要因素，通过定量分析可以系统地评估各类资产的预期收益率、波动性及它们之间的相关性。常用的定量分析工具包括均值—方差模型、贝叶斯分析方法和情景分析等。

其中，均值—方差模型是最具代表性的投资组合优化工具，它通过最大化期望收益与风险调整后的比率，即夏普比率，以帮助投资者选取最优的资产组合。具体来说，该模型在一个假设收益服从正态分布的环境中，通过期望收益的均值和波动性（风险）的方差来描述资产的收益分布。在构建投资组合时，投资者可以使用历史数据估计每种资产的预期收益和波动情况，根据这些参数再通过数学优化方法求解出最优投资权重。在较为复杂的现实市场中，单一的均值—方差模型难以涵盖所有的不确定因素，因此更为复杂的建模方法得到了应用。贝叶斯分析方法是一种结合先验知识和市场数据来修正和更新模型参数的方法。贝叶斯分析方法通过引入主观信息赋予先验分布，再结合获取的新数据不断更新后验分布，提升了模型的预测精度。此外，情景分析通过构建可能发生的多个经济情景，并预测每种情景下资产的绩效，帮助投资者分析不同条件下的投资组合表现。这种方法集成了情景模拟和概率分析，能够更全面地考虑市场的各种不确定性因素。

另一种常用的定量模型是多因素模型。多因素模型假设证券的收益受多个风险因素影响，如市场风险、行业风险、企业特质风险等。通过对多个因素进行定量分析，可以更加细致地理解和控制投资组合的风险分布。常见的多因素模型有单因素 CAPM 的扩展形式，即多因素 Fama-French 三因子模型和 Carhart 四因子模型等。这些模型利用各种经济和市场指标来解释投资组合收益的变动，从而实现更为精确的风险和收益管理。

投资组合中的风险测量和管理是定量分析中的重要环节。除了传统的波动性和方差，现代金融风险管理中还引入了在险价值、条件在险价值等风险指标。在险价值是一种衡量投资组合在特定时间周期内可能损失的最大金额，条件在险价值则在在险价值之上进一步衡量极端情况下的预期损失。这些定量指标通过对历史数据的统计分析和模拟，可以为投资者提供更为全面的风险信息，从而进行更为科学的风险控制和管理。

在模型应用中还需注意对输入数据的质量和模型假设的检验。数据的选择和处理直接影响模型结果的准确性和可靠性。在实际应用中，数据存在缺失、噪声和偏差等问题，需要通过稳健的统计方法进行处理。此外，模型的合理性和适用性也需要不断验证和检验。过度依赖某一种模型可能导致结果偏差，因而在实际操作中，通常会结合多种模型的结果，通过比较分析选择最具代表性的决策方案，并进行适当的模型修正和调整。

量化投资策略和算法交易的兴起，为定量分析在资产配置中的应用提供了新的契机。量化投资策略利用计算机程序和模型，通过高频交易、对冲策略等手段实现投资目标。算法交易在处理大量数据和快速交易方面具有显著优势，通过对市场动态的实时分析和交易执行，能够极大提高投资效率和收益。这种基于定量分析的方法也逐渐被个体投资者采纳，通过借助交易平台和投资工具，个体投资者可以应用复杂的定量模型和策略进行自己的投资组合管理。

定量分析与模型应用在资产配置领域有着广泛的应用前景。通过系统的数学和统计方法，可以科学地分析和预测市场动向，优化投资组合的配置。然而，在实际应用中，个体投资者需要结合自己的投资目标和风险偏好，选择适合的分析工具和模型，并在动态的市场环境中不断调整和优化投资策略，以实现长期的投资收益和稳健的风险控制。

第二节　投资组合的构建与优化

一、投资组合目标设定

设定合理、明确的投资组合目标，不仅能够为投资组合的具体策略提供方向，还能够在后续评估投资绩效时提供重要的参考依据。目标设定的过程涉及多方面因素，包括风险容忍度、预期回报、投资期限、流动性需求、税务影响等。

确定投资组合目标的首要任务是了解并充分考虑投资者的财务状况和个人特征。这包括当前的收入水平、支出需求、债务负担、家庭状况以及未来的重大财务义务，如子女教育和退休计划等。投资者的财务状况直接影响其对投资回报率的期望和对风险承受能力的评价。假如投资者的收入相对稳定且高于平均水平，那么其对投资组合可以承受的风险度可能较高，因为即使出现波动，他们也有能力维持正常生活。而对于收入不稳定的投资者，可能需要一个更加保守的投资组合，以保证其在市场波动中保留足够的流动性。

投资组合目标设定也需要考虑投资者的风险容忍度。风险容忍度是指投资者愿意承受的波动程度及其对风险的心理反应。投资者的风险容忍度可以通过风险测试量表、财务顾问面谈等方式进行评估。这种评估方式不仅会考察投资者的财务状况，还会考虑其个性特征和感知风险的程度，帮助明确其可以接受的最大风险范围。例如，一些投资者可能天生对风险较为敏感，容易受市场波动的影响，而另一些投资者则可能乐于接受更多的风险以获得更高的潜在回报。

预期回报是投资组合目标设定中的另一个核心因素。预期回报的设定应该基于合理的市场预期和科学的回报预测模型。投资者应避免过于乐观的回报预期，因为这将导致采用超出个人风险容忍度的投资策略，从而增加投资失败的风险。同时，也应避免过低的回报预期，因为这可能会导致采用过于保守的投资策略，无法有效提高资产的增值速度。预期回报的设定一般需要结合历史数据、市场趋势分析以及专业的财务模型进行科学估算，为投资者提供一个合理且切实可行的回报目标。

投资期限是投资组合目标设定中的重要考量因素之一。短期投资者与长期投资者对投资组合的期望和战略显然是不同的。短期投资者更关注资金的流动性和短期收益的稳定性，因此其投资组合可能偏向于风险低、流动性高的资产，如现金、短期债券等。而长期投资者则有更多的时间去承受市场的波动，追求更高的长期回报。因此，其投资组合通常会更具进攻性，涵盖更多的权益类资产，如股票、房地产等。明确投资期限不仅有助于制定合适的投资策略，也有助于在投资期间更有目的地进行资产的再分配和风险管理。

流动性需求也是一个重要因素。即必须考虑在一定的时间内，投资者可能需要动用的一部分资金。这种需求因人而异，可能因为不时的开销，如购房、旅游、子女教育费用等。例如，其中部分资金需要随时可以提取，应设定配比相应比例的现金或短期债券，这部分投资目标应立足于低风险和高流动性。对于这些流动性需求的准确评估是确保投资者不会在需要使用资金时面临困境，因为高流动性的资产通常回报较低，投资者必须在风险和收益之间找到合适的平衡。

税务影响同样是设定投资组合目标时需充分考虑的因素。不同投资工具的税收待遇差别很大，如资本利得税、红利税等均可能影响到净收益，因此在目标设定时应充分考虑这些税务因素。财务顾问可以帮助投资者设计一个税务最优配置的投资组合，从而在合法的范围内尽可能地降低税务成本，增加净回报。例如，在高税率环境下，可以考虑投资长期持有的资产以享受较低的长线投资税率，或者利用有税收优惠的退休账户进行投资。

在目标设定完成后，需要定期审视和调整目标。市场环境不断变化，投资者的个人情况、风险容忍度、财务目标等也可能发生变化，因此持续的目标评估和调整至关重要。定期的目标审查可以确保投资组合始终与投资者的实际需求和市场环境相匹配，从而实现投资目标的最大化。

二、多样化的原则

多样化原则的根本目的是通过分散投资降低风险，从而实现更稳定的收益。多样化的理论基础可以追溯到现代投资组合理论中的“不要把所有的鸡蛋放在一个篮子里”的经典观点，该理论由哈里·马科维茨在 1952 年引入，强调通过持有不同类别的资产，可以减少单一资产的波动对整个投资组合的影响。

多样化的重要性体现在多个方面。资产的收益和风险并不总是呈现完全正相关的关系，这意味着当某些资产收益下降时，其他资产的收益可能会上升。当不相关甚至负相关的资产被纳入投资组合时，整体风险可以显著降低。这种现象被称为非系统性风险的分散。这类风险通过多样化可以基本消除。然而，市场存在的宏观经济因素和系统性风险则无法完全通过多样化规避，但多样化仍可以有效地缓冲这些风险。

投资者在实施多样化策略时，需要认真选择不同类型的资产以实现最大化的分散效应。资产类型可以包括但不限于股票、债券、现金、房地产、贵金属等。每种资产类别都有其独特的收益和风险特性，对于这些特性的理解是成功实施多样化策略的前提。例如，股票通常具有较高的预期收益和风险，而债券通常提供更为稳定的收益和较低的风险。当股票市场表现不佳时，债券市场可能依然能够提供相对稳定的回报，因此在投资组合中同时持有这两类资产往往有利于提升整体组合的风险调整后收益。

地理多样化也是一种有效的策略。不同国家和地区的经济周期、政治风险和货币政策各不相同，投资者可以通过持有全球范围内的资产来进一步降低组合风险。在全球化日益加深的今天，国际投资机会越来越丰富，地理多样化不仅能够分散风险，还可能带来额外的投资收益。例如，某些新兴市场经济体往往具有更高的增长潜力，但也伴随着较高的风险水平。通过将这些新兴市场的资产纳入投资组合，投资者可以在不显著增加风险的前提下，有机会参与这些国家的经济增长。

多样化不是简单地持有多种资产，还需要合理的比例分配和动态调整。固定比例的资产配置并不能适应市场环境的变化，因此，投资者需要定期评估和调整其投资组合，以确保多样化策略的有效性。例如，当某类资产价格大幅上涨，其在投资组合中的比重会自然增加，这可能导致超出预期的风险偏好。此时，投资者应考虑适当调整资产配置，卖出部分涨幅较大的资产，同时买入其他相对低估的资产，以恢复平衡。

有效的多样化离不开投资工具和技术的支持。在现代金融市场中，投资者可以借助许多工具实现多样化，如指数基金和交易所交易基金。这些基金本身就是多样化的投资组合，通过购买它们，投资者无须直接持有大量的个股或债券即可实现分散投资。此外，衍生品如期权和期货也可以用来对冲风险，进一步优化投资组合。

在实务操作中，多样化并非一成不变的过程，而是需要根据市场环境、经济周期和个人财务状况进行灵活调整。长期投资者对多样化有着较高的耐心和定位，而短期投资者则需要快速响应市场变化，这样才能在不同的投资周期内获得相对稳定的收益。投资者还可以根据自身的风险偏好和投资目标，采用不同的多样化策略。

多样化不仅在资产配置和投资领域具有广泛应用，在企业治理层面也具有重要意义。企业通过多样化经营，可以降低单一业务或市场风险，提升整体抗风险能力和竞争力。上市企业在进行投资和并购活动时，也需充分考虑多样化原则，以确保整体业务的稳健发展。

尽管多样化策略可以有效降低风险和波动，但并非意味着毫无风险。市场总是存在不确定性，偶发性和系统性风险仍然可能对多样化的投资组合产生冲击。特别是在全球经济一体化背景下，大规模的系统性风险可能导致不同资产类别出现同步下跌。在这种情况下，投资者需警惕可能的损失，并预留足够的流动性资产，确保在极端情况下也有足够的应对措施。

多样化的原则不仅仅是理论上的指导，更是投资者在实践中不可或缺的一部分。对于个体投资者来说，理解和应用多样化原则，可以帮助他们更好地管理风险，实现长期稳定的投资回报。在全球经济和金融市场愈加复杂和瞬息万变的今天，多样化的原则显得尤为重要。通过充分认识和灵活运用这一原则，投资者能够在不确定环境中，更加稳健和从容地实现自己的投资目标。

三、投资组合优化模型

投资组合优化模型旨在通过科学的方法，找到最优的资产组合，以在给定的风险约束下实现收益最大化。投资组合优化涉及多个理论与模型，其中最具代表性和应用最广泛的包括均值—方差模型、多因素模型、Black-Litterman 模型等。

均值—方差模型是哈里·马科维茨在 1952 年提出的开创性工具，是现代投资组合理论的基石。该模型假设投资者是风险厌恶型的，因此，他们会在同等预期收益的前提下，选择具有较低风险的投资组合。均值—方差模型的核心是通过求解一个二次规划问题，找到在给定风险水平下预期收益最大的资产组合，或是在给定预期收益水平下风险最小的资产组合。在此基础上，可以绘制出有效前沿，显示了不同风险水平下投资组合的最优预期收益。

然而，均值—方差模型存在一些限制，如假设资产收益服从正态分布、忽略了交易成本和流动性风险等。为了克服这些限制，投资组合优化的研究不断发展，多因素模型便是其中的一个重要分支。多因素模型汲取了 CAPM 的思想，通过引入多个系统性风险因子，如市场风险、行业风险、宏观经济风险等，来解释资产收益的变化。多因素模型的代表之一是 Fama-French 三因子模型，该模型除了市场风险因素外，还引入了市值因子和账面市值比因子，进一步提高了对资产收益波动的解释能力。

在实际应用中，投资者面对的市场环境和信息复杂多变，投资组合优化模型必须考虑投资者的主观预期和现实约束。Black-Litterman 模型综合了马科维茨的均值—方差模型和资本市场均衡理论，通过结合投资者的主观看法和市场均衡收益，形成投资组合的最优配置方案。Black-Litterman 模型能够灵活地纳入投资者的预期和信念，减少估计误差对优化结果的不利影响，使得最终的投资组合更符合实际需求和市场动向。

除了上述经典的理论模型，随着数据科学和计算技术的进步，金融工程和计算金融领域也衍生出了一系列先进的投资组合优化方法。例如，机器学习算法和智能优化技术在投资组合优化中的应用逐步增多。机器学习算法可以通过对海量历史数据的学习和分析，挖掘出潜在的收益和风险模式，从而为投资组合优化提供更加精确的预测和决策支持。而智能优化技术则利用遗传算法、粒子群优化等自然启发式方法，寻找投资组合优化问题的全局最优解，这些方法具有较好的鲁棒性和全局搜索能力，能够有效克服传统优化方法陷入局部最优解的缺陷。

设定合适的投资组合优化目标和约束条件，是实际应用中至关重要的一环。投资者可能面临各种现实的约束条件，如资金流动性限制、税收影响、法律法规限制等，这些约束条件需要在优化模型中予以充分考虑。此外，不同投资者的风险偏好、投资期限、流动性需求等也会对最优投资组合的构建产生重要影响。在投资组合优化过程中，必须根据特定的投资目标和约束条件，定制化地选择和调整优化模型，以确保最终的投资方案能够实现预期的风险收益目标。

风险管理是投资组合优化的核心内容之一，通过采用波动率、β 系数、在险价值等多种风险度量方法，可以全面评估和控制投资组合的风险水平。通过对不同资产类别和个体资产的相关性分析，可以进一步减少投资组合的系统性风险。动态调整投资组合也是一个重要策略，投资者可以依据市场环境变化和新的信息，灵活调整资产配置，以提高投资组合的适应性和抗风险能力。

四、投资组合的绩效评估

投资组合的绩效评估不仅能够帮助投资者了解其投资策略和目标的实现情况，还能为未来的投资决策提供重要的参考依据。在这一部分中，我们将探讨投资组合绩效评估的主要方法、关键指标以及实际应用中的注意事项。

投资组合绩效评估的首要任务是量化投资组合的收益表现。收益表现通常通过总回报率、平均回报率、年化回报率等指标来衡量。总回报率直接反映一段时间内投资组合的整体收益水平，而平均回报率则能够提供更为直观的长期收益表现。年化回报率则是将不同投资周期的收益率标准化为每年的收益率，以便于不同周期投资组合的比较。

然而，仅仅考察收益表现是不够的，还需要考虑风险的因素。从广义上讲，投资组合的风险可以通过波动性（标准差）、最大回撤、贝塔系数以及跟踪误差等指标来衡量。标准差是描述投资组合收益率分布的离散程度，显示出投资组合的波动性水平。最大回撤则表明在特定期间内投资组合经历的最大净值下降幅度，这一点对投资者的心理压力和资金安全有重要影响。贝塔系数度量了投资组合相对于市场整体的系统性风险，即投资组合对于市场波动的敏感性。跟踪误差则主要用于考察投资组合相对于某基准指数的偏离程度，这对那些致力于紧跟指数的被动型组合尤其关键。

在收益和风险的基础上，评价组合的风险调整收益成为关键。夏普比率、特雷诺比率和约翰逊阿尔法是较为常见的评估方法。夏普比率通过投资组合的超额回报（投资组合的回报减去无风险利率）与其波动性之比来衡量单位风险所带来的超额收益。特雷诺比率与夏普比率类似，但特雷诺比率使用贝塔系数而非标准差作为风险度量。这意味特雷诺比率主要考察市场风险，而夏普比率考量的是总风险。约翰逊阿尔法则是基于资本资产定价模型计算出的超额收益，即投资组合实际收益与理论预测收益的差额，这能够揭示出投资组合的选股能力和管理水平。

除了上述常规指标，信息比率和索提诺比率也是投资组合绩效评估的重要工具。信息比率主要用于评估主动管理型投资组合的表现，通过超额回报率与跟踪误差的比值，衡量资产管理人因主动选股或选时带来的超额收益程度。索提诺比率改进了夏普比率，仅考虑下行风险，并通过使用下行标准差替代全波动性来计算风险调整回报，这一指标更贴近实际情况下投资者对损失的关注。

投资组合绩效评估还应结合不同的市场环境和特定目标。不同的市场环境对不同类型的投资组合有着显著影响。例如，在牛市中高贝塔组合可能表现出色，而在熊市中低贝塔和防御性组合则可能更具优势。此外，特定的投资目标如高成长性、高收益或稳定性分红等，也决定了投资组合绩效评估的标准和侧重点。

在实际应用中，微调权重和再平衡操作往往是结果评估之后的直接行动。微调权重是一种策略，与评估结果密切相关。再平衡则是根据市场变化调整投资组合中各资产类别的配置比例，以保持投资组合的目标风险和收益特性。这些操作不仅定调了未来的策略，还能及时纠正因市场波动带来的偏离。

投资组合绩效评估还应该考虑费用和税收等现实因素。管理费、交易成本以及税负都会影响投资组合的实际回报，这些费用在某些情况下甚至可能吞噬部分甚至全部的超额回报。净收益在评估中应被重点关注，因为它更能真实地反映投资者的最终收益水平。尽管某些费用和税负在不同国家或地区可能有所不同，但在进行跨市场投资时，考虑这些因子尤为重要。

定期的绩效评估，不仅可以为投资者提供反馈，还可以为未来的调整和优化提供科学依据。评估并不意味着一次性工作的结束，而是一个循环的过程，应当贯穿整个资产管理生命周期。这样的持续性评估能够帮助投资者动态应对市场变化，优化投资策略，实现最佳投资目标。

第三节　资产配置的实践

一、股票资产配置的实践

股票资产配置对于个体投资者来说是一个复杂而又至关重要的领域。这一过程需要考虑多种因素，包括分散化、风险管理、预期回报和市场趋势等。

在具体的股票资产配置实践中，需要明确的一个概念是资产分散化。分散化是为了降低非系统性风险，即单一股票的特有风险，通过将资金分散投资于多个股票以平滑个体股票的波动风险。这种策略的理论基础在于现代投资组合理论，该理论认为，若资产之间的相关性较低，通过分散化可以有效降低整体投资组合的风险。

在构建股票资产配置时，了解个体风险承受能力和投资目标至关重要。其中包括长期投资目标的设立，以及短期内的资金需求。对于一个年轻的个体投资者，其风险承受能力可能较高，因此可以将较大比例的资金配置到高风险高回报的股票中。而对于一个接近退休年龄的投资者，其追求的主要是资本的保值增值，故而更倾向于配置稳健型且派发稳健股息的股票。在此过程中，财务状况、家庭责任、职业稳定性等因素都会对风险承受能力产生重大影响。

在进行股票资产配置时，还需基于市场趋势和行业分析进行选择。通过研究全球经济形势、国内经济政策和行业前景，可以更好地选择有潜力的投资标的。例如，在某一个时期，全球科技行业的增长速度较快，那么在股票配置时可以适当增加科技板块的投资比例。与此同时，对于传统行业股票的配置，则可以基于其稳定的现金流和股息回报，起到稳定投资组合的作用。

对于个体投资者而言，确定配置比例是一个动态的过程，需要结合市场变化调整。一个有效的方法是使用静态资产配置与动态资产配置相结合的策略。静态资产配置是设定一个长期的资产配置比例，如股票占 70%、债券占 30%，并在市场情况变化时进行再平衡。而动态资产配置则要求根据市场周期和经济环境变化灵活调整配置比例，如在市场回调时增加股票投资，在牛市中降低股票持仓，以提高整体回报。

在选择具体的股票时，除了关注企业基本面外，还需考虑股票的估值问题。这可以通过市盈率、市净率、自由现金流等多种估值指标进行评估。低估值股票往往代表市场未能充分反映其潜在价值，有较大的上涨空间，但需要提防其背后的潜在风险。在实际操作中，通过对多个行业、多个企业的估值比较，从中选出既有成长性又具有合理估值的股票，是实现优质股票配置的关键步骤。

对于个体投资者来说，市场行为往往受到心理因素的影响。在实际的股票资产配置过程中，一定要警惕追涨杀跌、过度交易等行为，通过纪律性投资和长期持有策略来提高投资收益。心理因素在投资中的影响较为复杂，除了市场情绪之外，还有个人的投资心理，如恐惧和贪婪。因此，制定并严格执行投资纪律，如设置止损和止盈点位、不轻易更改投资计划等，可以帮助投资者克服心理上的干扰。

定期的评估和调整是保持有效股票资产配置的必要手段。在市场环境发生重大变化时，重新评估投资组合中的各类资产，确定是否需要进行调整，以确保持仓始终符合初始风险收益预期。通过定期回顾，可以及时发现并剔除表现不佳或不再符合预期的股票，同时发掘新的投资机遇。

税务考虑也是个体投资者在进行股票资产配置时不能忽视的方面。股票投资的资本利得税会影响到投资收益，合理进行税务规划可以有效降低税负，增加实际收益。例如，长期持有股票相比短期交易可以享受较低的资本利得税税率，通过这类税务优化，可以进一步提升投资组合的整体表现。

在股份配置中，量化策略也正在逐渐受到个体投资者的青睐。通过各种定量模型和算法，可以从大量历史数据中挖掘出规律，从而制定出系统化的交易策略。这不仅能够提高投资效率，还能客观地规避个人主观情绪带来的影响。在使用量化策略时，需注意模型参数的设定及其有效性，并不断进行回测和优化，让模型能够适应市场变化。

股票资产配置案例的有效实践，还体现在应对突发风险的策略上。市场中常有突发事件，如金融危机、公司丑闻、重大政策变化等，都会对投资组合产生巨大冲击。在配置股票时，做好风险管理和应急预案，采取对冲手段或分批次建仓/卖出策略，可以有效降低突发事件对投资带来的负面影响。

二、债券与固定收益资产配置的实践

债券与固定收益资产为投资者提供了收益稳定、风险相对较低的投资选择。其配置在投资组合中具有重要的战略意义，特别是对于需要保持一定流动性和稳定性、规避市场波动的个体投资者而言，显得尤为重要。在实际资产配置过程中，债券与固定收益资产配置需要考虑多个因素，如投资目标、风险承受能力、市场环境以及利率变化等。

债券是固定收益资产的典型代表，具有预定的利息支付和本金偿还日期。其收益主要来源于票面利率和购买价格之间的差额。不同类型的债券存在不同的风险和收益特征，主要包括政府债券、企业债券、地方政府债券和国际债券等。政府债券由于国家信用背书，通常被视为风险最低的债券类型。企业债券则由企业发行，评级较高的企业债券相对安全，但评级较低者则需支付较高的风险溢价以吸引投资者。地方政府债券介于政府债券和企业债券之间，信用风险主要取决于地方政府的财政状况。国际债券则涉及不同国家的信用风险和汇率风险，收益和风险均相对较高。

在债券与固定收益资产配置中，首先需要明确投资目标，包括资本保护、收入生成和风险缓释等。例如，退休人员或即将退休的投资者可能更加注重资本保护和稳定收入的实现，因此更倾向于配置高评级的政府债券和优质企业债券以减少波动性。而年轻的投资者可能会承担更多风险，选择一些高收益企业债券甚至是国际债券，以期获得较高回报。了解投资目标后，投资者需结合自身的风险承受能力进行配置，以防止市场波动带来的资产损失。

利率变化对债券价格有着直接而显著的影响。一般而言，当市场利率上升时，现有债券的价格会下跌，因为其收益率相对变得不具吸引力；反之，当市场利率下降时，现有债券的价格会升高。因此，预测市场利率走向是资产配置的重要一环。在低利率环境下，长久期债券可能具有更高的吸引力，因为它们的价格对利率变化更加敏感，可能带来较高的资本增值。但是，长久期债券也意味着更高的利率风险，投资者需要适当平衡收益与风险。在高利率周期中，短久期债券和浮动利率债券则可能更具优势，因为它们在利率上升时价格相对较为稳定，同时能够较快反映市场利率的变化。

除了利率风险，信用风险也是债券投资的重要考量因素。信用评级机构如穆迪、标准普尔和惠誉等提供的债券评级能帮助投资者评估发行人的信用风险。高评级债券通常提供较低的利率回报，但风险较小；低评级债券则可能提供较高的利率回报，但也面临较大的违约风险。对于个体投资者来说，谨慎评估债券发行人的信用风险和业务前景，并进行多样化投资是控制风险的有效途径。分散投资不仅限于多个企业和行业，还应涵盖不同地区和国家的债券，以分散各类系统性风险。

固定收益资产配置不限于传统的债券投资，其他类型的固定收益工具如优先股、可转换债券、房地产投资信托基金和结构性产品也被广泛应用。优先股具有固定股息收益，优先于普通股分配利润，但在破产清算时，偿付顺序低于债券；可转换债券则附带转换为公司股票的权利，提供固定收益的同时享有股价上涨的潜在收益；房地产投资信托基金则通过投资房地产等资产，提供因稳定的租金收入和房地产增值而带来的资本收益；结构性产品通常将固定收益元素与衍生工具相结合，能提供定制化的收益结构，满足特定市场预期或风险偏好的需求。

在实际案例中，债券与固定收益资产配置可以通过策略性分配和动态调整实现。例如，某投资者在经济高速增长和利率走高时期，可能倾向于配置高收益企业债券，同时通过购买浮动利率债券或短期债券来应对利率上升的冲击。在经济衰退和低利率环境下，投资者可能转向高评级的政府债券和长久期债券，以保证资产的安全性和收益稳定。此外，考虑市场波动和宏观经济环境变化，适时调整资产配置比例，如在市场不确定性增加时，增加固定收益资产的配置以减少风险暴露。

为了进一步优化债券与固定收益资产配置，投资者应密切关注宏观经济指标、货币政策动向以及全球资本市场的变化。例如，失业率、通胀率、GDP 增长率等可反映经济健康状况和货币政策趋势；美联储等央行的利率决策、量化宽松政策等则直接影响市场利率和金融市场流动性。此外，全球事件如国际经贸摩擦、地缘政治风险等也可能对信用风险和汇率风险产生重大影响，进而影响到固定收益资产的表现。

三、多资产配置组合的实践

在不确定的市场环境下，个体投资者面临的一个重要问题是如何进行合理的资产配置，从而在最大限度地分散风险的同时，实现投资组合的最优化。多资产配置组合在实践中是一种行之有效的投资策略，它通过在不同资产类别之间进行科学的分配，以期在各种市场条件下均能取得相对稳定的收益。

一个实际案例可能涉及股票、债券、房地产、商品和现金等各类资产。在不同的经济周期阶段，这些资产的表现存在很大的差异，因此合理的配置有助于平衡收益与风险。在实际操作中，投资者首先需要对每种资产类别的历史表现、未来前景以及相关性进行详细的分析。例如，在投资组合中同时持有股票和债券可以起到分散风险的效果；房地产通常与市场的相关性较低，可以在高通胀环境下提供对冲；商品如黄金等不仅具有保值功能，还可以在市场恐慌时起到避险的作用；现金资产则提供了流动性和安全边际，在市场极端环境下可以防范流动性风险。

投资者可以根据市场动态和自身风险偏好动态调整资产配置比例。例如，当预期市场整体向好时，可以适当提高股票配置的比例，而当市场预期较为悲观时，可以增加债券或黄金的持有量。动态调整并不意味着频繁买卖，而是根据明确的资产配置策略进行定期再平衡，从而维持预定的风险收益结构。

实践中的风险管理同样至关重要。假设某投资组合在一段时间内股票市场持续下跌，导致股票资产比重超出预定的配置比例，此时再平衡操作可以通过卖出部分股票资产，买入债券或现金等低风险资产，以恢复初始设定的资产配置比例。这种再平衡机制不仅有助于投资者保持纪律性的投资行为，还能避免情绪化决策导致的投资误判。

投资组合的绩效评估是多资产配置中不可或缺的一环。借助现代投资组合理论，投资者可以通过计算组合的预期收益率和标准差来衡量其收益与风险程度。例如，通过夏普比率可以评估投资组合的总体表现；利用最大回撤可以衡量投资组合在特定时间段内从最高点到最低点的收益跌幅，进而提供有关最坏情景下的风险暴露情况的信息。

为了分析多资产配置组合策略的效果，可以通过蒙特卡罗模拟等量化分析方法进行验证。通过多次模拟不同市场条件下的资产价格走势，统计各资产配置的收益分布及其可能面临的最大回撤和波动。这不仅能帮助投资者设定合理的预期收益，还能识别潜在的风险。

多资产配置组合的复杂性不仅体现在资产选择和比例安排上，还需要持续关注市场变化和经济环境。在全球经济一体化背景下，地缘政治、货币政策、通胀水平等多重因素都可能引发市场波动，影响不同资产的相对表现。因此，成功的多资产配置不仅需要深厚的市场知识，还需要敏锐的市场洞察力和及时的策略调整。

四、全球资产配置的实践

全球资产配置是一种投资策略，旨在将投资分散到不同国家和地区的市场中，以降低风险并提升潜在回报。这种策略的重要性在于全球经济和市场的多样性，可以通过对不同地区的资产进行优化组合，提高投资组合的整体表现。全球经济体之间的相互依存和关联性，使得某一地区的经济波动可能会对其他地区产生连锁反应，而全球资产配置可以在一定程度上对冲这种风险。假设投资者将其投资组合分为以下几部分：40% 分配到全球股票市场，30% 分配到政府和企业债券，15% 分配到房地产投资信托基金，10% 分配到大宗商品（如黄金、石油等），5% 分配到现金和等价物。这种组合不仅考虑到资产类别的多样性，还着眼于地域的广泛性，以最大限度地分散地缘风险和单一市场的波动风险。

在构建全球资产配置时，要考虑的是地理分散化。不同国家和地区的市场在经济增长、货币政策、政治稳定性和产业结构等方面存在差异，这些因素都会影响投资的回报和风险。由于各地经济周期不同步，个体投资者可以通过投资不同国家和地区不同经济周期的资产，实现风险的分散化。例如，在一个经济周期中，美国市场可能处于增长阶段，而欧洲市场可能处于衰退阶段，通过对这两地的市场进行投资，可以在经济波动时保持投资组合的相对稳定。

在构建全球资产配置时，还要考虑资产类别的分散化。全球资产配置不仅仅是指投资于不同国家和地区的股票市场，还包括投资于全球范围内的债券、房地产、大宗商品、外汇和其他另类投资产品。不同资产类别的风险和回报特性各异，通过合理配置不同类别的资产，可以进一步降低投资组合的整体风险。例如，当股票市场表现不佳时，债券市场可能会有较好的表现，通过在股票和债券之间进行合理的资产配置，可以平衡风险和回报。

全球资产配置还需要考虑汇率风险。投资于海外市场时，汇率波动可能会对投资回报产生显著影响。为了管理汇率风险，投资者可以采取多种策略，包括对冲外汇风险、投资于本币计价的资产或选择具有自然对冲特性的投资。例如，对冲基金通过使用金融衍生工具，如外汇期货和期权，来对冲潜在的汇率风险。选择本币计价的资产则可以避免汇率波动带来的风险，而自然对冲则利用收入和支出在多种货币间的平衡来减少汇率风险。

在选择具体的投资标的时，需进行详尽的市场分析和研究。不同国家和地区的经济基本面、政治环境、货币政策及法律法规等都会影响企业的盈利能力与市场表现，因此在进行全球资产配置时，需仔细评估各国市场的投资环境。例如，中国市场的高速经济增长和庞大的消费市场吸引了大量国际资本；欧洲市场因其相对成熟的投资体系，成为许多保守型投资者的首选；而一些新兴市场则以其相对较高的经济增长潜力和较低的市场估值，吸引了大量投机型资本。

全球资产配置的另一个关键因素是风险管理和再平衡。由于各国市场和资产类别的波动性不同，投资组合的实际资产比例会不断变化。定期进行投资组合的再平衡，可以保持预定的风险水平和资产配置策略。再平衡的频率和方法因投资者的风险承受能力和投资目标而异，但通常建议每半年或每年进行一次再平衡。

投资者需具备一定的全球视野和宏观经济分析能力，才能有效进行全球资产配置。例如，需要密切关注全球经济趋势，如国际贸易关系、货币政策变化和地缘政治风险等。这些宏观经济因素往往对全球市场产生重大影响，合理的全球视野可以帮助投资者在变化中把握机遇、避开风险。

全球资产配置可以通过多种投资工具实现，如全球股票基金、债券基金、交易所交易基金和国际房地产投资信托基金等。这些工具可以帮助投资者以较低的成本和较高的效率进行全球化的资产配置。例如，交易所交易基金不仅提供多样化的投资标的，还具有较高的流动性和透明度，是实现全球资产配置的重要工具之一。

在实际操作中，全球资产配置还需考虑投资成本如交易费用和税务问题。不同国家和地区的市场结构与税收政策存在差异，因此，合理规划投资成本和税务安排是实现全球资产配置的重要环节。例如，有些国家对海外投资收益征收较高的所得税，投资者应考虑这些因素对投资回报的影响，并进行相应的税务规划。

五、动态资产配置的实践

动态资产配置是一种灵活的投资策略，其核心在于通过不断调整资产在不同类别之间的分配比例，以应对市场环境的变化和投资者自身需求的变动。这种策略应考虑到市场的波动性、风险承受能力、投资目标以及期限等多种因素。下面将通过一个具体案例，详细阐述动态资产配置的实践应用，以帮助个体投资者更好地理解和运用这一策略。

此案例关注的是一个中等风险承受能力的个体投资者，该投资者希望在未来10年内实现资产的稳健增值，并考虑到市场的不确定性。因此，他选择了动态资产配置策略作为主要投资方法。其初始投资组合包括了 60% 的股票、30% 的债券和 10% 的现金。这样的配置在初期阶段是相对均衡的，既可以享受股票市场可能带来的较高收益，又可以通过债券和现金部分降低整体风险。

在市场波动较大时，该投资者开始应用动态资产配置策略。首先，在一个股市大幅上涨的环境中，股票的配置比例可能会自然上升到 70%。在这种情况下，如果预期股市未来的上涨空间有限且风险增加，投资者可以选择卖出一部分股票，将收益部分重新分配到债券和现金中，恢复原来 60% 的股票和 40% 的债券和现金的比例。这种调整不仅是对市场风险的应对，也是保持投资组合在一定风险水平的关键。

当市场进入下行期时，该投资者发现股市下跌幅度较大，于是将股票的比例减少到 50%。在仔细评估市场前景后，他认为此时是重新配置股票资产的良机。于是，他通过出售部分债券和现金，增加股票的持有量，回归到原定的 60% 股票、30% 债券和 10% 现金的组合。这种做法能够在市场低迷时保持对高收益资产的适度投资，从而在市场回暖时有可能获取更高的回报。

值得注意的是，动态资产配置并不只限于对主要资产类别（如股票和债券）的调节。在具体实践中，投资者可以进一步细分其资产，例如，将股票部分细分为大盘股、成长股、国际股票等，将债券部分细分为政府债券、企业债券、高收益债券等。这种细分能够让投资者更加精准地响应不同市场的变化。

动态资产配置不仅需要对市场有敏锐的洞察力，还需要具备纪律性和系统性的执行能力。一方面，过于频繁地调整投资组合可能导致过多交易成本和税务负担，影响净收益。因此，设定一个灵活但不频繁的调整机制至关重要。另一方面，市场情绪变化往往会干扰投资者的判断，过于依赖个人情绪进行调整也是不可取的。科学的策略制定和客观的数据分析可以帮助投资者制订更加理性的调整方案。

例如，在 2010 年年初到 2019 年年末的美股牛市期间，很多投资者由于市场的连年上涨，股票配置比例不断上升，一些激进的投资者将股票比例提高到 80%，甚至更高。然而，2018 年年底市场出现大幅回调，过高的股票配置使得这些投资者损失惨重。如果当时采用动态资产配置策略，在市场连续上涨后及时调整资产比例，除了保留必要的高收益资产外，还可增加债券和现金类资产，损失便可以显著减少，甚至在市场回落后利用现金增仓，获得更好的投资效果。

此外，还可以通过科技手段优化动态资产配置策略。如今，量化投资和大数据分析技术为动态资产配置提供了强大的支持。通过对市场数据的挖掘和分析，可以更精确地预测市场趋势和风险。同时，算法交易也可以在预设条件下自动调整投资组合，避免了人为情绪的干扰。这些技术手段的融合，使动态资产配置策略更加科学和高效。

动态资产配置的核心在于通过科学合理的资产类别比例调整，应对市场的波动变化和投资目标的调整，最终实现风险和收益的平衡。精准的市场判断和富有原则的投资执行是成功应用这一策略的关键。智能技术的辅助能够进一步提升这一策略的效果，使其在现代投资环境中更具竞争力。

第六章

投资决策过程与投资心理

第一节　投资决策的流程与框架

一、目标设定与需求分析

目标设定与需求分析不仅为投资者提供了明确的方向和动力，还帮助他们理解和满足自身的真实需求，从而制定出更为科学和符合个人实际情况的投资策略。在不确定的投资环境下，个体投资者的成功与否，往往取决于他们能否有效地设定目标和进行需求分析。

在设定目标时，个体投资者首先需要明确自己的财务状况及长短期的资金需求。不同的人生阶段对资金需求有不同的要求。了解自身财务状况有助于投资者明确可承受的风险水平，进而制定出切实可行的财务目标。

个体投资者的目标通常可以分为长期、中期和短期三种。长期目标可能包括退休计划、子女教育基金、购房等，这些目标往往时间跨度较长，风险承受能力较高，适合采用较长时间的投资策略。中期目标则可能是五年到十年内需要实现的，如创业资金、子女大学学费等，这类目标需要平衡收益和风险。短期目标通常是两三年内需要实现的，如购买汽车或度假旅行等，要求资金的流动性较高，风险容忍度低。通过分类设定目标，个体投资者可以更好地规划资金的分配，从而在满足不同需求的同时，最大化投资收益。

目标设定后，需求分析则是确保投资决策科学性的关键步骤。需求分析是从多方面了解投资者的真实需求、风险承受能力以及财务状况等。心理需求在需求分析中起到重要作用，经常被投资者忽视。经济学家卡尼曼和特沃斯基提出的前景理论揭示了个体在面对不确定性和风险时的决策行为，说明了人的心理需求对决策的重要影响。在投资过程中，个体投资者常常受到恐惧和贪婪等情绪的影响，导致决策不够理性，容易犯下重大错误。因此，了解和调适自己的心理状态，是进行需求分析的重要组成部分。

全面的需求分析还需涵盖家庭负担和社会责任，个体投资者不仅要考虑自身的需求，还应当考虑家庭其他成员的需求和期望。例如，如果投资者需承担家庭的主要经济来源，就必须在投资过程中留有足够的备用金，以应对突发情况。在社会责任方面，如缴纳税款、慈善捐赠等，也需在需求分析中予以考虑，这些都可能影响到投资决策的最终制定。

建立风险承受能力评估机制是需求分析的重要组成部分。个体投资者在进行风险评估时，需要考虑自己的年龄、收入水平、职业稳定性、负债情况等因素。年轻的投资者有更长的投资期限，可以承担较高的风险，而年长者则应更关注低风险的固定收益产品。同理，收入不稳定或者负债较高的投资者，也应当选择相对保守的投资策略。

在进行目标设定和需求分析时，个体投资者还需使用科学的方法与工具。通过财务规划软件和风险评估工具，投资者可以更加精准地了解自己的财务状况和风险偏好，这些工具可以提供详细的数据分析和模型预测，帮助投资者制订更加合理的投资计划。

目标设定与需求分析并不是一成不变的，它们需要随着时间的推移和个人情况的变化而进行调整。市场环境的变化、个人财务状况的变化以及家庭结构的变化等，都会对目标及需求产生影响。因此，个体投资者应当定期（如每年或每半年）进行一次全面的目标和需求评估，根据最新的情况对投资决策进行相应的调整，只有这样，才能确保投资计划的有效性和现实性。

二、风险评估与管理

在不确定的市场环境中，个体投资者面临着各类风险，这些风险可能对投资组合的收益产生显著影响，因此，客观评价并有效管理风险是投资决策过程中不可或缺的一部分。此部分内容已在本书第四章详细介绍，在此不再赘述。

三、投资组合与策略制定

在不确定条件下进行投资决策是一个复杂的过程，对于个体投资者而言，制定一个有效的投资组合及策略既需要科学的方法，也需要心理层面的准备。投资组合及策略的制定是投资决策过程中极为关键的一步，其核心在于通过合理的资产配置和策略选择，来实现投资目标和控制风险。

首先，要明确投资目标。投资目标通常包括长期增值、资本保值、定期收益和风险控制等。每个投资者由于其财务状况、风险承受能力和投资期限不同，所设置的投资目标也会有所不同。明确的投资目标有助于指导后续的投资组合及策略制定，并在面对市场波动时提供清晰的方向。

其次，在明确了投资目标之后，个体投资者需要进行资产配置。此部分内容已在本书第五章详细介绍，在此不再赘述。

再次，选择具体的投资标的。个体投资者需要根据自己的风险承受能力、市场行情和财务状况，选择适合的股票、债券和其他投资工具。投资标的的选择过程应包括定性和定量分析。定性分析包括对企业的商业模式、市场竞争力、管理层素质等方面的考察，定量分析则主要关注财务报表、盈利能力和估值指标等。通过科学的方法进行分析，可以提高选择优质标的的概率。

最后，个体投资者还需要制定投资策略。投资策略是投资组合具体运作的行动指南，决定了何时买入、持有和卖出何种资产。投资策略主要包括主动投资和被动投资两大类。主动投资策略强调通过分析和判断市场来实现超额收益，这需要投资者具备较强的分析能力和市场敏感性。被动投资策略则追求市场平均收益，典型的方式是投资指数基金和交易所交易基金，这种策略适合那些时间和精力有限的投资者。

在投资策略中，时间选择和市场择时也是需要考虑的重要因素。市场择时指的是在市场低点买入、高点卖出的行为，这种策略需要投资者对市场有很强的预测能力，一旦判断失误，可能带来较大损失。与此相对的是定投策略，即定期定额地投资特定标的，不论市场涨跌。这种策略能够平滑投资成本，减少主观判断带来的影响，对于波动较大的市场尤其适用。

心理因素在投资组合及策略制定中不可忽视。投资者心理往往会受到市场波动的影响，比如在市场大涨时急于买入，或在市场大跌时恐慌性抛售。保持冷静理智，以中长期视角看待市场，是个体投资者克服心理障碍的重要途径。投资者还应培养纪律性，严格执行事先制订的投资计划，避免因情绪波动对投资决策产生负面影响。

有效地进行风险管理也是投资组合与策略制定中不可忽视的一环。风险管理包括风险识别、风险评估和风险控制。投资者应通过多样化投资，分散不同市场和行业的风险，并设立止损点及时止损，避免更大的亏损。利用金融衍生工具如期货、期权，对冲潜在风险也是一种有效的策略。

四、决策执行与实时监控

决策执行是将制定出的投资策略具体付诸实践的过程，而实时监控是对已执行的投资行为进行持续追踪和监督，以及时应对市场变化的关键步骤。两者相辅相成，共同确保投资策略能够有效发挥作用，并在市场环境变化时灵活调整，从而最大化投资收益和风险控制。

决策执行的首要步骤是资源配置。资源配置即将投资计划中各项具体决策落实到实际操作中，通常涉及资金分配、资产买卖、持仓比例的调整等方面。在执行过程中，个体投资者需要充分考虑自己的风险承受能力、投资期限、流动性需求等因素，以确保投资组合的优化和多样化。举例来说，如果决定投资于股票市场，投资者应选择符合自己风险偏好的股票，并根据市场分析确定买入和卖出的时机。此外，投资者还需关注交易成本、税收影响等实际费用，合理控制交易频率，避免因过度交易而削弱整体收益。

在决策执行过程中，情感和心理因素也发挥着重要作用。个体投资者常常会受到市场波动、媒体报道、专家意见等外部因素的影响，从而产生情绪波动。在这种情况下，投资决策可能会偏离原定计划，造成不必要的损失。为了避免这种情况，投资者应在决策执行前设定明确的规则和标准，如止损点和目标收益率，严格遵守既定策略，保持理性和冷静。同时，投资者还可以通过记录交易笔记、回顾交易历史等方式，反思自己的决策过程，改进决策执行策略，提高执行力和纪律性。

实时监控在投资决策的实施阶段同样不可或缺。实时监控即通过各种手段和工具对投资组合的表现和市场动态进行持续观察和分析，以便及时调整投资策略。首先，投资者需要选择适合自己的监控工具，如券商提供的交易软件、财经新闻平台、专业分析报告等。这些工具能够提供关于市场趋势、资产价格变动、宏观经济数据等即时信息，帮助投资者全面了解市场状况。

在进行实时监控的过程中，投资者应注意的一个重要方面是风险管理。市场往往充满不确定性，突发事件和意外情况随时可能出现，如政策变化、金融危机、自然灾害等。为了灵活应对这些不确定性，投资者应建立有效的风险预警和应对机制，如动态调整止损点、分散投资、定期评估投资组合的风险水平等。同时，投资者还可以通过对冲策略、使用衍生品等工具，进一步降低投资组合的风险暴露。

实时监控的另一个关键点是绩效评估。通过定期对投资组合的表现进行评估，投资者可以了解目前的投资是否实现了预期目标、是否存在结构性问题，以及哪些策略需要调整或优化。绩效评估通常包括对收益率、风险比、资产配置比重等指标的分析比较。通过这些评估，投资者可以知道哪些资产表现优异、哪些资产拖累了整体组合，并寻找优化组合结构的方法。例如，如果发现某些资产类别长期表现不佳，投资者可能需要减少在该类资产上的配置，转向表现更为稳定或者成长潜力更大的资产。

在实时监控中，反应速度和决策灵活性也是非常重要的。市场变化往往迅速且难以预测，个体投资者需要具备迅速捕捉市场信息、及时作出反应的能力。这不仅需要投资者对市场有敏锐的洞察力，还需要具备果断的执行能力。例如，当某些新兴产业有巨大发展潜力时，投资者应及时调整投资组合，增加在这些领域的投资，以分享行业红利。反之，当出现重大负面消息、市场出现剧烈波动时，投资者也需要迅速采取防护措施，如适时减仓、回避风险资产等，从而保护已有的投资收益。

五、绩效评估与反馈

通过有效的绩效评估，个体投资者可以了解投资策略的有效性，识别出自身决策中的优点和不足，从而不断优化投资策略，提升投资绩效。绩效评估不仅仅是对过去表现的回顾，更是借助历史数据和信息，为未来的决策提供科学的依据。绩效评估的首要任务是确定评估的目标，明确投资者希望通过评估获得哪些信息，如投资回报率、风险水平、选股能力等，这些目标的明确是实施有效评估的前提。

在具体操作中，需要区分定性与定量的评估指标。在定量指标方面，个体投资者通常会关心若干关键的财务指标，包括但不限于净收益、年化回报率、投资组合的波动率、夏普比率等。净收益是最直观的指标，展示了投资活动最终带来的利润或亏损。年化回报率则将收益标准化到每年，便于不同时间段的收益比较。投资组合的波动率是衡量投资组合风险的常用指标，显示了资产价格的波动程度。夏普比率则通过收益与风险的比值衡量投资所得的超额回报，帮助投资者理解在承担特定风险下，获得的相对回报如何。

定性指标同样不可忽视，包括投资过程的合规性、策略执行的有效性、市场环境的变化等。这些指标更关注的是投资者决策过程中价值判断的准确性和策略执行的过程质量。投资者需要回顾自己的决策过程，评估每一步操作是否符合预期，是否存在未能发现的风险，是否在策略执行中出现偏差。

绩效评估有一个重要环节便是自我反思和反馈。通过分析各项指标，投资者应评估哪些策略有效、哪些决策存在问题，并根据这些发现修正自己的投资策略。反馈的形式可以多种多样，如有的投资者喜欢写投资日志，记录每次投资的过程、结果和反思，以便日后参考和学习；有的投资者倾向于定期进行自我评估，借助各种分析工具生成图表和数据报告，对自己的投资行为进行全面审视。

为了更好地进行绩效评估与反馈，个体投资者还应保持学习和提升的态度。通过阅读相关的投资书籍、参加培训课程、向资深投资者请教等方式，不断充实自己的投资知识，掌握更多的评估方法。例如，风险调整后的回报评估方法不仅关注收益的绝对值，还关心投资者在追求这些收益过程中所承受的风险。马科维茨提出的现代投资组合理论、资本资产定价模型和套利定价理论等为人们提供了系统、科学的评估框架，使人们能够通过更广泛的视角对投资绩效进行分析。

实践中，个体投资者往往面临信息不对称和认知偏差等问题，因此，绩效评估时需要特别注意避免一些常见的心理误区。例如，过度自信可能导致投资者高估自己的选股能力和市场判断力，从而频繁进行交易，增加交易成本和风险。代表性偏误则可能使投资者忽视风险，片面追求某种策略的短期成功，忽略长期绩效的稳定性和可持续性。情绪化投资是另一类常见问题，当市场波动剧烈时，投资者容易受到恐慌和贪婪的影响，作出短视的决策。系统化的绩效评估和科学的反馈机制有助于投资者克服这些心理障碍，通过理性的分析和判断，不断优化投资策略。

此外，也需要关注市场环境与策略之间的相互适应性。一种在某一阶段表现优异的策略可能在市场环境发生变化后失去效用，因此投资者需要通过绩效评估，判断目前使用的策略是否需要调整，或者是否需要制定新策略以适应新的市场变化。这个过程需要大量的数据支持和科学的分析方法。

在技术和工具的选择方面，现代技术为投资绩效评估提供了强有力的支持。大数据分析、人工智能、量化投资模型等新兴技术可以帮助投资者更加全面和精确地进行绩效评估。这些技术不仅能够处理海量数据，提高评估的精度，还可以通过机器学习算法，发掘潜在的投资机会和风险，更好地为投资决策提供科学依据。

第二节　投资心理的影响与偏差

一、认知偏差与决策影响

认知偏差在投资决策中具有重要的影响力，这不仅因为它们直接影响了投资者对市场和风险的感知，还因为它们可以导致系统性的错误和非理性的决策。认知偏差是由人类大脑在处理信息时固有的倾向和局限性产生的，一些常见的认知偏差包括过度自信、确认偏差、损失厌恶、框架效应和锚定偏差等。

过度自信的投资者往往忽视风险和不确定性，进入市场时持有过多的乐观情绪，基于自认为无懈可击的分析，忽视了对负面情境的考量。这种行为可能导致他们承担过多的市场风险，最终造成严重的经济损失。例如，过度自信的投资者可能会忽视市场研究和数据分析的重要性，反而依据直觉进行投资，最终可能导致操作失误。

确认偏差是投资者倾向于搜索、解释和记住与其现有信念相一致的信息，同时忽视或轻视与其信念相矛盾的信息。这种偏差可能使得投资者更容易认同与自己观点一致的市场分析和预测，无视或怀疑那些可能挑战自己认知的信息。由于确认偏差的存在，投资者可能会不自觉地忽略那些能够提示市场趋势反转或者风险增加的重要信号，最终在市场下行中遭受更大的损失。确认偏差还会导致投资者在市场繁荣期过于乐观，忽视潜在的市场泡沫和高风险因素，反之则可能会在市场低迷时期过于悲观，错失反弹的机会。

损失厌恶是投资者对损失的敏感程度高于对收益的敏感程度的一种心理偏差。这一偏差使得投资者在面对潜在损失时常常表现出极大的回避心理，即使面对微小的收益也会显得比较满意。这种心理影响使得投资者可能在亏损时不愿意及时止损，而在获利时却急于套利，从而错过长期持有可能带来的更大收益。损失厌恶也导致投资者在市场波动较大时产生恐慌情绪，可能会作出意气用事的投资决策，例如在市场下跌时迅速抛售持有的证券，这不仅会锁定损失，还可能错失市场反弹带来的收益。

框架效应指的是同一信息以不同方式呈现时，投资者的决策偏好会发生变化。在投资环境中，框架效应可能表现为对收益的描述导致投资者更加愿意冒险，而对损失的描述导致投资者趋于保守。这种效应可能通过媒体、分析报告和市场评论影响投资者的决策，从而导致其不能作出最优选择。框架效应之所以危险，在于它能够利用投资者心中的固有偏见，潜移默化地影响其风险评估和决策偏好。投资者面对相同的投资机会，因信息呈现方式不同，作出的决策可能天差地别，造成实际收益与预期严重偏离。

锚定偏差则是指投资者过度依赖某些初始信息（锚点），在之后的决策过程中不能充分调整。这种偏差在实际投资环境中表现为投资者常常受到首次获得的资讯或数据的强烈影响，其后续判断和决策无法脱离这一锚点。锚定偏差使得投资者的视野受到限制，无法全盘考虑，更容易在市场行情变动时陷入被动。一个典型的案例是对历史高位的过分依赖，投资者常常在股价接近历史高位时过于乐观，忽视了市场可能调整的风险，而在股价接近历史低位时则过于悲观，逃避进场机会。

除此之外，还存在诸如从众效应、自我归因偏差、时间偏差等其他形式的认知偏差，这些偏差共同影响了投资者的行为模式，加剧市场波动的非理性成分。从众效应促使投资者在面对市场不确定性时盲目跟从他人的决策，放弃自己的独立分析，导致趋势性行情或市场泡沫的形成。自我归因偏差则使投资者在盈利时将成功归结为自身能力，而在亏损时归咎于外部因素，这种偏差不利于投资者客观总结经验和教训，进而影响长期投资绩效。时间偏差表现为投资者对短期市场事件和波动过分关注，忽视长期趋势和基本面，造成频繁交易和决策不一致的情况。

二、常见心理误区

在投资决策过程中，个体投资者常常受到各种心理误区的影响。这些心理误区不仅会偏离理性的资金管理和投资策略，还可能导致投资决策的失败。理解和避免这些心理误区对于实现稳健的投资收益至关重要。下面便来详细剖析一些常见的投资心理误区。

锚定效应是指投资者过分依赖某一特定的信息（锚点），并在后续决策中将其作为参照的倾向。例如，当某只股票以前的价格为 50 元，而现在价格为 30 元时，投资者可能会认为 30 元是一个相对便宜的价格而忽略了企业基本面的变化。这种心理误区可能导致投资者错误判断这只股票的真实价值，进而作出错误的买卖决策。市场价格会随着供需关系和企业基本面变化而波动，不能仅仅因为一个历史价格点而认为当前价格具备投资价值。

从众效应指的是当投资者发现大多数人都在买某只股票时，也会产生购买的欲望，以便不落于人后。事实上，从众心理常常会导致投资者追涨杀跌，忽视自身投资目标和风险承受能力。例如，在牛市中，许多人看到其他人盈利，就会跟风投入，往往未能深入研究股票的投资价值，导致股市震荡或下行时，主力抛售而使自身遭受较大损失。追随多数人的选择并不一定适用于所有人，坚持独立思考和科学分析才是明智之举。

损失厌恶是指投资者对于损失的感受通常要比同等收益的感受更为强烈。例如，损失 100 元的痛苦要远远大于获得 100 元的快乐，这使得投资者可能过度规避风险，即使有不错的投资机会也不敢尝试。由于害怕损失，投资者可能会选择将资金局限于低收益的安全资产，而错失较高回报的投资机会。损失的不可避免性使得投资者需要用长期视角来看待市场波动，建立投资组合，以降低单一投资带来的风险。

过度自信指的是投资者对自身知识和能力的自信程度超过实际水平。这种心理误区往往表现为高频交易和盲目扩展投资项目，试图通过多次交易赚取短期利润。然而，频繁的交易不仅会增加交易成本和税费，还容易导致在没有充分研究和分析的情况下作出错误的决策。投资市场复杂多变，个人难以完全掌握所有相关信息，适度自信和科学的投资方法才是取得成功的关键。

确认偏误刻画了人们倾向于寻找和接受支持自身观点的信息，而忽略或拒绝与其相悖的证据。投资者在进行股票分析时，如果预先相信某家公司的股票会增值，他们就会关注那些支持这一观点的正面消息，并下意识地忽略负面消息，甚至将其合理化。这种偏误对投资决策的影响深远，因为它限制了全面、多角度的信息获取和分析，从而导致误判市场形势和公司前景。强化信息来源的多样性和客观性，以开放的心态进行决策，是减轻确认偏误影响的一种有效方式。

代表性偏差是指投资者倾向于根据某一事物的表面特征来作出判断，忽略具体的统计概率或其他相关信息。例如，因为某只股票过去表现良好，投资者可能便认为它代表未来依旧会表现良好，而忽略了整个行业的风险或宏观经济的变化。这样的思维方式有时会导致灾难性的投资错误，因为表面的稳定和过去的优异表现并不能直接预示未来。深度分析企业财务状况、管理团队水平、行业前景等多方面的信息，可以减少代表性偏差导致误判的风险。

情绪影响对投资决策的干扰不可忽视。喜悦、贪婪、恐惧、悲伤等各类情绪都会从不同角度影响投资者的判断。例如，当市场狂热时，投资者由于贪婪，可能会在高位继续买入，而在市场震荡时，恐惧心理又会驱使投资者在低位割肉离场。而情绪波动较大的投资者，常常容易受到短期市场氛围的影响，作出与长期投资目标相悖的决策。培养情绪管理能力、制定明确的投资策略并严格遵循，才能有效规避情绪带来的决策失误，提升投资成功率。

脱离实际及扭曲信息是指投资者在不了解实际情况或未做充分调查与研究的情况下，就依据有限的信息作出投资决策。投资市场上信息量巨大且复杂多变，获取、理解和分析信息的能力直接影响投资决策的质量。仅凭片面的信息和误解，很可能导致投资损失。因此，投资者需要对市场信息保持警觉，避免因信息误导而犯错的风险，确保在投资前进行全面的信息收集和理性分析。

第三节　投资决策过程中的情绪管理

一、情绪初识与分类

情绪不仅影响个体投资者的决策方式，还可能对决策结果产生直接的影响。情绪的初识与分类是了解情绪管理的第一步，掌握这一点对于个体投资者作出更为理性和有效的投资决策至关重要。为了阐明这一主题，需要从情绪的定义、情绪的类型以及情绪对投资决策的具体影响等多方面入手。

情绪是个体在面对内外环境刺激时所产生的一种复杂的心理状态，它既包括个体的内心感受，也包含生理反应和行为表现。情绪可以迅速且强烈地影响个体的注意力、判断力、决策和行为。不同于长期存在的情感，情绪通常具有瞬时性、易变性和强烈性的特点。具体到投资决策中，情绪可以在短时间内极大地左右个体的判断和行为，从而影响投资结果。

根据心理学家的研究，情绪主要可以分为正面情绪和负面情绪两大类。正面情绪通常包括快感、满足、自信等。这些情绪通常会增强个体的动机和积极性，使其在决策过程中表现得较为积极和冒险。例如，投资者在经历了多次成功的投资之后，可能会产生强烈的自信心，这种正面情绪可能会推动他们进行更大规模的投资。然而，过度的自信也可能导致盲目乐观和忽视潜在风险，最终引发严重的投资失误。

相反，负面情绪包括焦虑、恐惧、愤怒等。这些情绪通常会导致个体表现出谨慎、退缩甚至回避风险的行为。例如，市场出现波动或负面消息时，投资者可能会感到恐慌和焦虑，这种负面情绪可能会驱使他们迅速抛售手中的股票，即使市场前景实际上并没有那么糟糕。这种情绪驱动的决策往往会带来更多的损失，而不是收益。

除了正面情绪和负面情绪，还有一些情绪是中性的，它们对投资决策的影响并不明显。例如，轻度的好奇心或平静的状态，这些情绪可能导致个体较为客观和中立地分析投资机会和风险。尽管这些情绪不会直接驱动决策行为，它们却可以为情绪管理提供一个良好的基础，使个体能够在更加清醒和冷静的状态下进行分析和判断。

了解情绪的类型只是迈出了情绪管理的第一步。在实际投资决策过程中，情绪的复杂性和多变性要求个体投资者对情绪进行更为细致与深入的分析。情绪不仅仅是单一的，它们往往是混合存在的，并且会随时间和环境的变化而动态变化。例如，一位投资者在经历了市场的短暂波动之后，可能会同时感到压力和侥幸，这两种混合情绪将共同影响其下一步的决策行动。

另外，情绪还可以是显性和隐性的。显性情绪容易被个体感知和表达，如兴奋的欢呼或者担忧的叹息。而隐性情绪则较为潜在，可能会在个体的无意识行为中体现。例如，投资者在压力环境中可能无意识地紧张握拳，或者心跳加速，这些都是隐性情绪的表现。显性情绪和隐性情绪共同作用，将直接影响个体的注意力、认知判断和行为决策。

情绪不仅影响个体的心理状态，还会在生理上表现出来，如心跳、血压变化等。在投资决策中，个体感受到的生理变化也会反过来增强其情绪体验。例如，面对市场急剧下跌，投资者的心跳加快和手掌出汗会进一步加剧其焦虑和恐慌，从而影响其冷静思考和判断。

了解情绪的分类和特点是情绪管理的基础。个体投资者需要通过自我观察和反思，学会感知和识别自己的情绪状态。在感知到情绪产生时，需要学会如何适当地表达和调节情绪。例如，通过深呼吸、短暂的放松或进行其他能够放松身心的活动，可以有效缓解紧张和焦虑的情绪，从而帮助个体重新获得冷静和理性的思考能力。在情绪出现极端化趋势时，可以借助心理咨询、情绪调节训练等专业手段进行干预和调整。

情绪对投资决策的具体影响还涉及个体的决策风格和心理倾向。不同的人可能具有不同的情绪敏感度和情绪调节能力。一些人可能更加感性，容易受到情绪的影响而作出冲动的决策，另一些人则可能更为理性，能够较好地控制和调节自己的情绪，从而作出较为客观和冷静的决定。针对这些个体差异，个体投资者可以通过学习和实践，不断提升自己的情绪识别和管理能力。

二、情绪在投资决策中的作用

在不确定条件下，情绪不仅影响投资者如何评估信息，还深刻地影响他们的判断和决策行为。投资决策过程的本质通常伴随着市场波动、不确定性和心理压力，这些因素都会引发强烈的情绪反应，如兴奋、恐惧、贪婪和沮丧。这些情绪会引导投资者在决策时出现偏差。

情绪在评估风险和收益时起着关键的作用。当投资者处于高度兴奋状态（如在牛市中），他们往往会高估未来的收益，而低估风险，导致过度自信的投资行为。这种情绪状态会使投资者忽略市场潜在的风险而进行激进的投资。而在市场低迷时，恐惧情绪占据主导，投资者容易恐慌性抛售，导致资产损失，进一步加剧市场波动。恐惧还会导致投资者对市场前景持过于悲观的看法，错失潜在的投资机会。

贪婪是一种在决策过程中常见的情绪，尤其在市场出现连续上涨时。贪婪驱使投资者不断追求高回报，从而盲目作出一些本应谨慎思考的投资决策。这种情绪状态会使投资者忽略市场价值和风险评估，导致在泡沫破裂时遭受重大损失。与此同时，贪婪还使得投资者对自己的投资能力产生过度信任，不考虑投资组合的多样化和风险管理。

沮丧和后悔情绪在投资决策中也扮演着重要角色。当过去的投资决策带来不满意的结果时，沮丧情绪会使投资者对自己的能力产生怀疑，从而变得过度保守。这种情绪状态可能导致他们对未来潜在的投资机会过于谨慎。后悔情绪则会使投资者陷入对过去错误决策的自责和反思中，过度关注过去的损失而忽视了当前和未来的市场机会。

情绪不仅影响个体投资者的行为和决策，还会形成市场的集体情绪效应。市场上的情绪波动往往具有传染性，一个投资者的情绪状态可以通过媒体、社交网络等方式影响其他投资者，形成市场的集体情绪趋势。这种情绪传染效应会使市场波动更为剧烈，投资者的决策也因此变得更加不稳定。

为了更好地管理情绪在决策中的影响，个体投资者需要具备一定的情绪调节能力，必须意识到情绪对决策的潜在影响，并学会在作决策时做到情绪管理和理性判断。通过心理训练和自我反省，投资者可以提高自我情绪认知，从而在面对市场波动时保持冷静和理性。

情绪管理的另一个重要方面是提高心理韧性，学会在面对市场波动和不确定性时保持心理稳定。心理韧性高的投资者能够迅速从市场挫折中恢复过来，不容易被短期的收益或损失影响。构建一个多样化的投资组合、设定明确的投资目标和风险容忍度，可以帮助投资者在市场波动中保持冷静，从而减少情绪对决策的负面影响。

一些技术手段，如行为金融学的研究，也提出了很多关于如何改进和调整情绪在决策中影响的方法。例如，采用预设的交易策略和规则可以降低情绪决策的频率，利用设定的止损点和止盈点可以避免因市场诱惑而偏离初衷。心理学的研究也提供了一些技巧，如进行冥想、正念练习和心理疏导，这些都被证明可以有效地管理情绪，帮助投资者在情绪波动时作出更加理性和冷静的决策。

三、情绪管理的基本策略

对于个体投资者来说，情绪管理不仅是提高投资盈利能力的关键因素，也是减少投资风险的有效手段。情绪管理的基本策略主要包括了解和识别情绪、制订情绪管理计划、掌握并运用情绪宣泄与放松技术、认知重构以及养成良好的投资习惯。

了解和识别情绪是情绪管理的基础。投资者需要对自己的情绪和心理状况有非常清晰的认识，这包括了解自己在市场波动或投资决策过程中的情感反应。投资者应学会识别焦虑、恐惧、贪婪、愤怒等情绪的表现和来源，通过自我反省和记录情绪变化，能够帮助投资者更好地掌握自己在面对市场波动时的心理反应，以便采取相应的管理措施。

制订情绪管理计划是有效控制情绪影响的关键步骤。一个详细的情绪管理计划应该包括情绪触发事件的识别、情绪反应的记录、应对策略的制定以及定期自我评估。通过设计具体的计划，投资者可以在市场出现剧烈波动或突发事件时，有章可循，有应对预案，从而减少情绪对决策的干扰。具体的策略包括设定止损点和止盈点、分批买入卖出策略以及预先设定好投资组合的调整计划等。提前制订这些计划可以有效降低情绪化操作的概率。

掌握并运用情绪宣泄与放松技术是情绪管理的重要手段。投资者可以通过适当的情绪宣泄方式，如与朋友或家人沟通、记录心情日记等方式，将内心积压的情绪表达出来，从而减轻心理压力。此外，放松技术如深呼吸、冥想、瑜伽等也可以帮助投资者在紧张的市场环境中保持冷静和专注，从容面对市场波动。这些方法可以有效缓解投资者在决策过程中的紧张和焦虑，帮助他们在更为冷静和理性的状态下进行投资决策。

认知重构是一项重要的心理策略，通过改变对投资风险和市场波动的认知，可以帮助投资者更好地管理情绪。认知重构指的是投资者要学会从不同的角度看待市场波动，理解市场波动是投资的一部分，不必过于恐慌和害怕。在遇到投资失败或市场不如预期时，投资者应学会反思其背后的原因，而非简单将其归因于不确定性或运气不好。一个有效的认知重构过程可以帮助投资者建立正确的市场观念，从而在面对市场波动时保持稳定的情绪。

养成良好的投资习惯同样是情绪管理的重要部分。良好的投资习惯包括制定明确的投资目标、坚持长期投资原则、合理分散投资风险以及定期回顾和调整投资组合。通过这些习惯，投资者可以在面对市场波动时，保持对自己投资决策的信心和冷静，减少情绪波动对投资决策的影响。例如，明确的投资目标可以帮助投资者在市场下跌时坚持自己的投资计划，而不会在受到短期情绪影响时进行急躁操作。合理分散投资风险可以降低单一投资失败对整体投资组合的影响，从而减少情绪波动的幅度。

在具体实施这些策略时，投资者还可以借助一些现代技术和工具。例如，使用情绪监测软件和应用，可以帮助投资者实时监控自己的情绪变化，并提供相应的情绪管理建议。一些智能投资平台也能根据投资者的风险承受能力和投资目标，自动调整投资组合，帮助投资者降低感情用事的可能性。

四、减缓投资紧张的方法

情绪管理在投资决策过程中至关重要，特别是在面对不确定性和市场波动时。投资者常常因市场的起伏而情绪波动，进而影响决策的质量。

理解情绪管理的关键在于识别自身的情绪。自我意识是情绪管理的基础。投资者需要清晰地认识到自己的情绪状态，如焦虑、恐惧、贪婪或沮丧等，这有助于及早发现和控制情绪偏差，避免情绪对决策产生不良影响。这可以通过日记或情绪记录等方式保持对情绪状态的跟踪和反思，从而帮助投资者在作决策时更加冷静和理性。

建立合理的投资预期和明确的投资目标是缓解紧张的重要手段。投资者需要根据自身的风险承受能力和投资期限制定切实可行的投资目标，避免因市场短期波动产生不必要的焦虑感。明确的目标能让投资者在面对市场变化时更加镇定，因为他们明白短期的波动不会对长远的投资计划产生实质性的影响。通过合理的资产配置和分散投资，投资者可以降低个股或个别资产对整体投资组合的影响，从而减少紧张和压力。

培训和教育对于提升情绪管理能力具有重要作用。投资者通过不断学习和掌握投资理论、市场动态以及投资工具等知识，可以提高信心和决策的科学性。知识不仅提供理性判断的基础，还能有效地降低因缺乏了解而产生的恐惧和焦虑。参与投资教育课程、阅读专业书籍、关注市场分析报告等都是提升情绪管理的重要途径。

设定交易规则和纪律也是投资过程中管理情绪的重要策略。投资者可以事先设定好买卖的标准和止损止盈的界限，严格遵守这些规则和纪律可以有效防止因情绪波动而导致的盲目操作。同时，自动化交易工具和程序化交易也可以帮助投资者避免情绪主导决策，从而降低因情绪引导产生的投资风险。

定期评估和审视自己的投资组合，保持投资计划的灵活性，是保障情绪稳定的有效方式。市场是动态变化的，投资者应根据市场情况和自身目标定期进行评估，并适时调整投资策略。这种主动的调整不仅有助于优化投资组合，还能使投资者在面对市场波动时保持冷静。通过定期的评估和调整，投资者能够更好地应对市场的不确定性，从而减少紧张情绪的发生。

心理和生理上的健康对情绪管理同样至关重要。良好的身体状况和心理状态能使投资者面对压力时更加从容。规律的作息和锻炼、健康的饮食、充足的睡眠等都对提升情绪稳定性有积极影响。同时，适当的放松和休闲活动，如冥想、瑜伽、音乐欣赏，能够有效减轻压力，将情绪波动降至最低。

社会支持和交流也是减缓投资紧张的重要渠道。与其他投资者或专业人士的沟通和交流可以为个人提供不同的视角和建议，减轻个人压力。加入投资俱乐部或社交网络，通过分享和讨论可以增加信息的透明度，也有助于缓解紧张情绪。

建立适当的心态和哲学观念对于长久地保持情绪稳定至关重要。投资者应以一种平和的态度面对市场波动和不确定性，将投资视为长线行动的一部分，而非短期内获取暴利的手段。这样能平衡心理预期，减少因短期市场变化带来的情绪起伏。

提升自控力和压力应对能力可以帮助投资者更好地面对市场变化。通过行为控制技术，如深呼吸、进阶放松技术等，可以在紧张时保持平静。了解并运用这些技术能帮助投资者在高压环境下保持理性，防止情绪支配决策过程。

在投资决策中应用跨学科的理论和方法，如心理学、行为经济学等，可以为情绪管理提供有力的支持。了解损失厌恶、过度自信、情绪倦怠等行为偏差现象，可以帮助投资者在面对情绪波动时采取更加科学的应对措施，并找到适合自己的情绪调节方式。通过跨学科的整合和应用，情绪管理得到更加全面和深入的支持。

五、保持冷静与理性的技巧

在投资决策过程中，保持冷静与理性是至关重要的。这不仅涉及对市场走势的客观分析，还包括应对内心情绪波动的策略。一旦情绪失控，它们将对判断力产生负面影响，因此，学会情绪管理就变得尤为关键。

投资情绪管理的首要步骤是认识和理解自己的情绪。这意味着要能够辨识出交易过程中各种负面情绪，如恐惧、贪婪、焦虑和愤怒。这些情绪往往在市场波动剧烈或者投资者面临亏损的时候尤为明显。通过自我反省和观察，可以逐渐提高对这些情绪的敏感度。只有了解了自己的情绪反应，才能更有效地进行控制。

当人们谈到情绪管理时，关键在于找到能够帮助投资者在压力情况下保持冷静的具体技巧。深呼吸和冥想是非常有效的调节情绪的方法。通过深呼吸，可以减慢心率，降低身体的紧张感，从而在情绪波动时迅速平静下来。冥想则有助于培养一种平静和集中精神的状态，能够帮助投资者在市场波动的过程中保持镇定和理性。

设定明确的投资目标和执行纪律是另一个有效的方法。投资者需要清楚自己为什么投资，目标是什么，以及达到这些目标的具体策略有哪些。在制订了这些计划之后，严格按照计划执行，就能够避免因为一时的市场波动而作出冲动的决策。这种自律性不仅能够帮助投资者在市场出现短期波动时保持冷静，还能增加投资成功的可能性。

及时的信息获取和数据分析也是控制情绪的关键。现代互联网技术使得信息获取变得更加便捷，但也同时增加了信息的复杂性和噪声。投资者需要学会过滤信息，辨别可靠的消息来源，避免被夸大的新闻和谣言左右情绪。数据分析也是如此，通过分析市场数据、行业报告和企业财务报表，建立起对市场和企业的客观评价体系，从而在投资决策中减少感情因素的干扰。

家人、朋友和专业顾问的支持在情绪管理中也扮演着重要角色。投资是一项需要持久耐心和良好心态的过程，有时单凭个人力量难以应对所有挑战。通过与其他投资者交流，可以相互分享经验、交流策略，找到共鸣和支持。专业顾问则提供专业分析和建议，帮助投资者在复杂的市场环境中作出理性决策。

定期反思和调整投资策略也是继续保持冷静与理性的一个重要步骤。市场环境不断变化，投资者需要定期回顾自己的投资组合和策略，看是否需要调整。在这个过程中，进行反思和总结，可以帮助投资者更好地认识到自身的情绪变化和其对投资决策的影响，通过不断完善策略，减少情绪波动带来的负面影响。

心理准备和预期管理同样重要，市场行情的波动是常态，每一位投资者都必须意识到收益和风险并存。过于乐观或者过于悲观的预期都会对决策产生不利影响。因此，培养一种现实而平衡的心态，对于面对各种投资结果都至关重要。

还有一种常见的情绪管理方法是将投资分散化。通过分散投资，投资者可以降低单一投资失败的风险，减少因为某个项目表现不理想而引发的负面情绪。合理的资产配置不仅能够提高整体收益，还能在市场波动时提供一定程度的心理安慰，让投资者不至于在某一项投资失利时陷入情绪低谷。

保持健康的生活方式也有助于情绪管理，保持足够的睡眠、适量的运动和健康的饮食，这些都能提高一个人的心理韧性和情绪控制能力。身体健康往往能带来更好的心态和更高效的决策能力，这是投资成功的间接保障。

第七章

长期投资策略与短期交易技巧

第一节　长期投资策略

一、价值投资策略

价值投资是一种基于对企业内在价值评估的长期投资策略，旨在通过深入分析企业的基本面来寻找被市场低估的优质股票，进而获取长期稳健的投资回报。其核心原则包括对企业财务状况、管理团队、市场竞争力以及行业前景的严格评估和持续监控，强调对投资对象的深入理解和长期持有，以应对短期市场波动和获取长期资本增值。

价值投资策略的核心在于对企业内在价值的评估和理解。企业内在价值是指企业未来现金流的现值，即未来预期的收益折现后的总和。这种评估要求投资者具备扎实的财务和经济学知识，并能够合理预测企业的长期发展前景。企业的财务报表，包括资产负债表、利润表和现金流量表，是揭示其财务健康状况的重要工具。通过分析这些财务数据，投资者可以了解企业的盈利能力、债务水平、现金流状况等重要指标，进而评估其内在价值。例如，一个负债率较低、自由现金流充足且盈利能力稳定的企业，通常具备较高的内在价值。

企业的管理团队是一个关键因素。一个优秀的管理团队能够制定并执行有效的战略，带领企业实现长期稳步增长。投资者需要评估管理团队的领导力、诚信度、业务能力及其过去的业绩表现等。例如，一个具有明确长期战略规划、在危机时期表现出色的管理团队，往往被认为是企业成功的重要保障。此外，管理团队的持股比例也是一个重要参考指标，通常管理层持股比例较高的企业，管理团队与股东利益更加一致，能更加专注于企业长期价值的创造。

市场竞争力和行业前景同样至关重要。企业所处的行业及其在市场中的竞争地位往往决定其长期成长空间和盈利能力。投资者需要对企业产品的市场需求、行业的竞争格局及技术发展的前景进行深入分析，并结合企业的市场份额、品牌知名度、技术创新等竞争优势来评估其长期竞争力。例如，一个在技术上具有领先优势，在市场占有率高且品牌影响力强的企业，通常在行业竞争中具有较大的领先优势，其长期成长潜力也较为可观。

价值投资策略的一项核心原则是坚持长期持有并忽略市场的短期波动。价值投资者往往注重企业的长期发展潜力，而非短期市场情绪的波动。股票市场的短期波动受多种因素影响，包括市场情绪、经济数据、政策变化等，这些因素往往难以预测且不具持续性。但是，从长期来看，企业的内在价值最终会在股价上得到反映。因此，价值投资者需要有足够的耐心和信心，能够忍受短期波动，坚持长期持有优质企业的股票，以实现资本的保值增值。

购买安全边际高的股票也是价值投资的一项重要原则。所谓安全边际，是指投资者在购买股票时，所付出的价款与其评估出的内在价值之间的差额。通常，当市场价格低于内在价值时，意味着企业被低估，具有较高的投资价值，投资者购买此时的股票便具有较大的安全边际。这种做法能够在一定程度上抵御市场波动和不确定性带来的风险，大幅度提高投资的安全性。

除了上述要点，价值投资还强调逆向投资和独立思考。逆向投资是指在市场普遍悲观时大胆入市，高涨时则保持谨慎，从而实现低买高卖的目的。而独立思考则要求投资者不随波逐流，独立分析判断投资标的物的价值，避免市场情绪和舆论导向的干扰。例如，当市场普遍悲观，优质企业的股价被市场情绪过度打压时，逆向投资者会抓住这一机会，大举买入具备购买安全边际高的低估股票；反之亦然。

在长期实践中，成功的价值投资还需要坚定执行力和心理素质。市场风云变幻，短期波动频繁，许多投资者在面对亏损时容易产生焦虑和恐惧，而在追逐短期高收益时则往往忽视风险。在这种情况下，价值投资者需要具备坚定的执行力和良好的心理素质，能够严格遵循投资原则，不受市场短期波动和情绪影响，坚持长期持有优质股票，通过时间的力量实现财富增值。

价值投资策略的核心涵盖了对企业内在价值的评估、管理团队的考察、市场竞争力和行业前景的分析、长期持有策略、安全边际的把握、逆向投资和独立思考等方面。只有在这些要点的指导下，个体投资者才能在不确定的市场环境中，找到并持有那些真正能够为其带来长期回报的优质股票，实现资本的保值增值。通过坚守这些原则，价值投资者不仅能在市场波动中保持冷静，还能在时间的长河中享受到企业内在价值增长带来的丰厚回报。

二、成长性投资策略

成长性投资策略作为一种长期投资策略，主要目标是通过投资于那些具有高增长潜力的企业，借助其未来的价值增长来实现较高的资本回报。这类投资策略的核心在于识别并投资那些市场环境及其企业运营前景良好、具有显著增长潜力的企业。成长性投资策略不同于价值投资策略，因为它更多地侧重于企业未来的成长能力，而不是现有的资产和财务指标。

投资者需要首先了解成长型企业具备的典型特征。成长型企业通常展现出快速的销售增长、高市场份额的稳步提升、新产品或服务的迅速推出以及领先的技术创新能力。此类企业在其所处的行业中往往占据领先地位，市场竞争力强，同时有着较大的市场拓展和市场份额增长的潜力。其增长的驱动力通常包括技术革新、市场需求的扩大、产品线的扩展以及新市场的开拓等。此外，这些企业在研发和市场推广上的投入通常较大，目的是引领行业并持续推动企业的长期增长。

识别成长型企业需要投资者具备严谨的分析方法和长期的视野。投资者应关注企业的财务报表，尤其是营收增长率和净利润增长率等关键指标。此外，投资者需要分析企业的竞争优势，包括技术能力、品牌声誉、市场份额等。企业的治理结构和管理团队的能力也是重要考量因素，因为优秀的管理团队通常能更好地识别和把握市场机会，推动企业持续增长。结合宏观经济环境和行业前景，投资者需要全面评估企业的增长潜力和实现增长的可行性。

成长性投资策略的实施需要投资者具备强大的风险承受能力和对市场波动的耐心。由于成长型企业的股价通常波动较大，市场对其预期也可能频繁变化，这可能导致股价在短期内大幅波动。因此，投资者需要有足够的耐心，能够承受短期的市场波动。此外，成长型企业在实现高增长的过程中可能面临各种不可预见的风险，包括技术风险、市场风险和经营管理风险等。投资者应充分考虑到这些风险，通过多元化投资来降低风险。

在成长性投资策略中，合理的估值是关键。虽然成长型企业表现出强劲的增长潜力，但投资者仍需谨慎评估其估值水平，避免盲目追高股价。常见的估值方法包括市盈率（P/E）、市销率（P/S）、PEG 比率（市盈率相对盈利增长比率）等。通过这些估值指标，投资者可以判断企业的股价是否合理。在实际操作中，结合企业的发展和行业特性，投资者需要进行综合评估，选择合适的买入与卖出时机。

成长性投资策略还需要投资者保持持续的关注和评估。由于成长型企业的业绩表现和市场环境可能会发生变化，投资者应定期跟踪企业的财务状况和经营动态，评估其增长目标的实现情况，调整投资组合。通过持续的学习和关注，投资者可以及时调整投资策略，捕捉新的投资机会，优化投资回报。

成长性投资策略适合那些长期看好某些行业发展前景，希望通过企业的高速成长获取较高投资回报的投资者。投资者应具备足够的市场分析和企业评估能力，保持理性的投资态度，制订科学合理的投资计划。同时，投资者还应保持对市场风险和企业风险的警觉，通过有效的风险管理手段来降低投资风险，实现稳健的投资回报。

值得注意的是，尽管成长性投资策略可以带来较高的潜在回报，但并不适用于所有投资者。投资者在选择成长性投资策略时，应结合自身的风险偏好、投资目标和时间周期，制定适合自己的投资策略。此外，成长性投资策略的成功需要长期的耐心和持续的关注，投资者应加强自我学习，提升投资决策能力，以应对市场的变化和挑战。通过科学的投资方法和合理的风险管理，成长性投资策略可以为投资者实现长期稳健的资本增长。

三、指数基金与交易所交易基金的应用

在长期投资策略的背景下，指数基金与交易所交易基金的应用具有显著的优势和广阔的前景。指数基金作为一种被动管理的投资工具，通过追踪特定的市场指数，如标普 500 指数、道琼斯工业平均指数或沪深 300 指数，提供了一种低成本、多样化的投资方式。其基本原理是通过持有与所追踪指数相同的成分股，来反映整体市场的表现。这种方法消除了主动管理基金经理的主观判断误差和择时投资的风险，从而提供了长期内稳定的收益。交易所交易基金即 ETF，本质上是指数基金的一种，但具备在股票市场上买卖的流动性，是介于个股和指数基金之间的投资品种。

指数基金的成本优势是其首要的吸引力之一。由于指数基金并不需要对个股进行频繁的买卖操作，其管理费通常远低于主动型基金。从长期来看，这种成本的节约能显著提高投资者的净收益。此外，指数基金由于其持仓分散、覆盖面广，大大降低了个股风险。当个别成分股表现不佳时，其他成分股的优异表现可以抵消其负面影响，使得整体投资风险降低。

ETF 的出现，使得指数基金的优势更加突出。在交易灵活性方面，ETF 的表现尤为突出。ETF 在交易所挂牌交易，其价格随市场供需情况波动，投资者可以像交易股票一样在市场开市期间随时买卖 ETF。这种交易机制给予了投资者更高的交易灵活性和资金流动性。此外，ETF 的套利机制也有助于保持基金价格与其净值之间的接近性，减少溢价或折价现象，从而保护投资者利益。

指数基金和 ETF 的多样化配置特点，使得投资者可以通过一个投资工具，获取到广泛的市场敞口。无论是追踪国内市场、国际市场，还是特定行业、主题的指数基金和 ETF，投资者都可以在实现资产多样化配置的同时，获取特定市场或行业的增长潜力。例如，对于长期看好科技行业的投资者，可以选择投资科技行业相关的 ETF，这样既能享受到科技行业整体增长带来的收益，也规避了个股

选择中的风险。

税务效率是指数基金和 ETF 的一大优势。对于美国市场而言，指数基金和 ETF 通常具有较高的税务效率，比起主动管理型基金更为优越。由于被动管理型基金交易频次低，意味着资本利得分配较少，投资者仅需在卖出份额时缴纳资本利得税。对于长期投资者而言，这种税务延迟的优势不可忽视，因为可以让资金在较长时间内得到充分的复利增值。

然而，指数基金和 ETF 的投资并非没有缺点。其主要的风险在于市场系统性风险。当整体市场发生较大波动时，基金结果通常也会呈现同样的波动性。不能指望通过指数基金和 ETF 来规避市场整体下跌风险。此外，虽然追踪误差通常较小，但不同指数基金和 ETF 在实际操作中可能会出现一定的追踪误差，这主要由跟踪标的成分股的调仓频率及市场波动造成。

长期投资策略的核心理念之一是坚持定投，指数基金和 ETF 在这一方面具有显著的优势。通过定期定额投资，投资者可以平摊市场波动带来的成本，有效降低择时风险，从而获取较为稳定的长期收益。尤其是在熊市期间，坚持定投意味着能够以较低成本获取更多份额，从而在市场回暖时获得更高的回报。

指数基金和 ETF 在全球资产配置中的作用日益重要。对全球市场进行适当配置，可以分散区域性风险，获取各地经济增长的红利。许多全球性指数基金和 ETF 提供了这一便利，使得投资者能够低成本、有效率地在全球市场进行投资，无须担心个别国家或区域的经济波动影响整体投资组合。

四、长期投资中的税收筹划

长期投资中的税收筹划是每个个体投资者都不得不面对的关键议题。一方面，投资者希望通过长期投资获取丰厚的收益；另一方面，税收政策对投资回报有着直接和间接的影响，因此，巧妙的税收筹划成为实现预期收益的重要手段。

长期投资的核心在于通过时间的积累，实现投资资产的复利增长。然而，税收的影响不可忽视，尤其是税收损耗的累积效应，可能会显著削弱长期投资的效果。首先需要明确的一点是，不同类型的投资品种，其税收政策有所不同。股票、债券、共同基金、房地产以及各种衍生品，都可能面临不一样的税率和税种，了解这些不同点是税收筹划的基础。

具体来说，对于股票投资而言，长期持有股票所产生的资本利得在许多税制下可能享有更低的税率。资本利得税通常有短期和长期之分，短期持有（通常指持有时间少于一年）适用普通收入税率，而长期持有则适用优惠税率。这个税收优惠政策促进了投资者进行更长时间的持有，从而减少交易频率，降低交易成本，进而有利于投资回报的优化。

除资本利得税外，股息收入的税收也是投资者需要关注的重点。不同国家对股息收入的征税政策各异，有些国家对股息收入实行双重征税，即企业税后利润分配给股东时，股东再次缴纳个人所得税。为了减少这种双重征税带来的负面影响，许多投资者选择投资那些能提供较高增值潜力但股息支付较低的成长型企业股票，或者选择在不对股息收入征税的账户或计划中进行投资。此外，还可以通过股息再投资计划将股息再投入购买更多股票，以利用税收递延的策略实现更高的长期收益。

对于债券投资者而言，利息收入通常要缴纳较高的税收，因此在长期投资中，选择免税债券或利用税收延期工具也是常见的筹划手段。美国市政债券就是一个案例，它们的利息收入在联邦税范畴内是免税的，有些甚至在州税和地方税方面也享受免税待遇。因此，在高税率区的投资者可以通过购买市政债券实现免税收益。在税收高的年代，这种投资类型的吸引力更为明显。

ETF 和共同基金也是对长期投资者具有吸引力的工具，但它们在税务处理上有一些关键区别。ETF 通常比共同基金更具税收效率，因为其独特的“创设与赎回机制”可以大大减少资本利得的实现，从而降低税收负担。而对于共同基金，由于基金经理频繁交易股票，可能会产生更多的短期资本利得，从而导致较高的税收。如果持有共同基金的投资者能理解并利用税收摊销策略，尽量持有税收效应较低或分红较少的基金种类，也可以在一定程度上减轻税负压力。

房地产投资在长期投资中通常伴随着较高的税务复杂性，但合理的税收筹划可以显著提升收益。房地产投资中的税务优惠主要体现在折旧和贷款利息的抵扣。折旧可以大幅度地减少每年应税收入，从而降低税负，即便实际资产在升值。与此同时，出租物业所产生的租金收入可以通过各种抵扣项目，如物业管理费、维修费、财产税和贷款利息等进行税前扣除，进一步减少应税收入。以房地产投资信托基金为例，其提供的股息收入也是许多国家税收优惠的目标，在一些情况下，这些股息收入享有较低的税率或完全免税。

税收递延计划在长期投资中应用广泛，特别是针对高收入投资者，包括个人退休账户、企业年金计划等。这些计划允许投资者在缴纳个人所得税之前将收入投资于符合规定的账户中，从而推迟税款支付。这不仅可以实现税收递延，还能让投资收益在税前进行累积。如果税率在未来降低，税负也会随之减少。

长期投资中的税收筹划不仅涉及各类账户和投资工具的利用，还包括交易策略的制定。例如，税收损失收割策略即在亏损时卖出证券以抵消应税资本利得，然后在适当的时间重新投资，这样既保留了市场敞口，又降低了税负。同时，通过优化投资组合的资产配置，合理分配权益类资产和固定收益类资产比例，也可以达到税收的优化效果。例如，将高税负的固定收益类资产放在税收优惠账户中，而将低税负的权益类资产放在非税收优惠账户中。

第二节　短期交易技巧

一、短期交易的时间框架

短期交易者旨在通过捕捉短期价格波动快速获利，相对于长期投资，短期交易需要投资者具备更高的市场敏感度和更强的决策果断性。在选择适合自己的时间框架之前，短期交易者需要全面了解不同时间框架的特点、适用情况以及各自的优劣。

短期交易时间框架通常包括分钟级别（如 1 分钟、5 分钟、15 分钟）、小时级别（如 1 小时、4 小时）和日级别（如 1 日、3 日）。

分钟级别的时间框架适用于超短期交易（Scalping），交易者在极短时间内进行大量交易，以期望累积小额利润。这个时间框架要求投资者具备高度集中的注意力和对市场走向的快速反应能力，并且交易频次相对较高，潜在收益和风险均较大。通过技术指标，如移动平均线、相对强弱指数、随机指标等，超短期交易者可以快速识别市场的超买和超卖状况，进而作出交易决策。

小时级别的时间框架适用于日内交易（Day Trading），交易者在单一交易日内完成买卖操作，不会持仓过夜。日内交易者通常关注 1 小时、4 小时的图表，利用市场中的短期波动追求盈利。相比分钟级别，小时级别的时间框架减少了交易频次，同时也降低了交易的波动风险。日内交易者可以结合技术分析和基本面分析，综合评估市场趋势和事件对价格的影响，如在公布重要经济数据前后进行操作。技术指标如布林带、指数平滑移动平均线、成交量分析等都在日内交易中得到了广泛应用。通过这些技术工具，交易者能够更准确地判断价格突破、回调及支撑阻力位置。

日级别的时间框架适用于多日交易（Swing Trading），交易者在几天内进行买卖操作，通常持仓时间在数日至数周之间。这个时间框架适合那些无法时刻盯盘，但依然希望通过市场短期波动获利的投资者。多日交易者需要更多地依赖技术分析，识别市场的中短期趋势，以便在趋势初期介入、趋势末期退出。常用的技术指标包括趋势线、相对强弱指数、指数平滑移动平均线和反转形态等。此外，分析周线级别的图形也有助于确认日线级别的交易信号，从而提高交易成功率。多日交易的风险相对较低，但收益也相对稳定，是介于超短期和日内交易之间的一种选择。

每一种时间框架都有其独特的优劣。选择哪种时间框架取决于投资者的个性、风险偏好、资金规模以及时间投入能力。分钟级别的超短期交易对交易者的心理素质和技术素养要求极高，适合那些能够快速决策且承受高频操作压力的投资者。如果投资者希望通过短期交易获利但不愿意频繁操作，小时级别的日内交易会是一个更为合适的选择。对那些希望在一定程度上利用短期波动而不必时刻关注市场的投资者，日级别的多日交易则提供了一种相对稳健的方式。

短期交易的时间框架选择还应该充分考虑市场的不同特性和交易品种。例如，股票市场、外汇市场和期货市场在波动性与交易时段上存在显著差异。股票市场通常在每日交易时间内存在明显的开盘和收盘效应，交易者可利用开盘后半小时和收盘前半小时的市场活跃期进行交易。外汇市场由于其 24 小时不间断的交易特点，适合在重要经济数据公布前后进行操作。期货市场则因其标的物多样和杠杆效应，使得短期交易存在更多机会但同时也伴随着更高风险。因此，投资者应结合市场特性和自身情况制定个性化的短期交易策略。

除了技术分析工具的运用，短期交易者还需要注重资金管理和风险控制。设定合理的止损点和止盈点，避免因市场波动造成的重大损失。同时，仓位管理也是短期交易中不可忽视的一部分，通过控制单笔交易的资金投入比例，有助于分散风险、提升长期盈利能力。

心理因素在短期交易中的作用同样不容小觑。高频的交易节奏要求交易者保持冷静、避免情绪化操作，以纪律化的交易计划克服市场波动带来的情绪干扰。交易日志是帮助短期交易者总结经验、优化策略的有效工具，通过记录每笔交易的决策依据、执行过程和结果，投资者可以持续改进自己的交易体系。

短期交易的成功离不开持续的学习和实践。市场变幻莫测，技术指标和策略的有效性也会随之变化，投资者需要不断更新知识储备、优化交易方法。通过模拟交易平台，短期交易者可以在不涉及真实资金的情况下练习技能，积累经验，以更好地应对真实市场操作中的挑战。

二、技术分析指标的应用

通过对市场价格、交易量等数据的分析，投资者可以制定更为科学、有效的交易策略，从而提高投资的成功率。技术分析指标不仅能提供明确的买卖信号，还能帮助投资者更好地理解市场趋势和价格波动，从而作出更加理性的交易决策。技术分析指标的种类繁多，每种指标都有其独特的计算方法和应用场景。下面介绍几种常用的技术分析指标及其应用。

移动平均线（Moving Average，MA）是最常见的技术分析指标之一。它用于平滑价格数据，以消除短期的价格波动，从而揭示价格的长期趋势。移动平均线有简单移动平均线（Simple Moving Average，SMA）、指数移动平均线（Exponential Moving Average，EMA）等几种常见类型。SMA是将一定时间段内的价格总和除以时间段长度，得出的均值。它的优点是计算简单，但对最新数据的反应较慢。EMA则对近期的数据赋予更大的权重，能更快速地反映价格变化。在使用移动平均线时，投资者可以通过观察短期和长期移动平均线的交叉点来判断买卖时机，当短期移动平均线从下向上穿过长期移动平均线时，通常视为买入信号；反之，当短期移动平均线从上向下穿过长期移动平均线时，则视为卖出信号。

相对强弱指数（Relative Strength Index，RSI）是一个广泛应用的技术分析指标。RSI通过比较特定时间段内价格上涨和下跌的强度，衡量价格变化的速度和变化幅度。RSI数值在0到100之间波动，当RSI高于70时，通常认为市场处于超买状态，价格可能会出现回调；当RSI低于30时，通常认为市场处于超卖状态，价格可能会反弹。通过观察RSI的变化，投资者可以更好地把握价格的短期波动，从而进行更加精确的交易。同时，RSI还可以用来判断市场趋势的强弱，当RSI值呈现背离现象，即价格创出新高或新低，而RSI没有相应变化时，通常预示着趋势即将反转。

指数平滑移动平均线（Moving Average Convergence and Divergence，MACD）也是一种常用的技术分析指标，它通过计算短期和长期移动平均线的差值，揭示价格的变化趋势。MACD由MACD线和信号线两条线组成，另外还有一个柱状图来表示MACD与信号线的差值。MACD线是通过减去26周期的EMA和12周期的EMA得出的差值，再通过计算得到9周期的EMA作为信号线。当MACD从下向上穿过信号线时，通常视为买入信号；反之，当MACD线从上向下穿过信号线时，通常视为卖出信号。柱状图则用来表示MACD线与信号线差值的变化，柱状图的变化反映了市场动能的变化。

布林带（Bollinger Bands）通过计算价格的标准差，获得价格的波动范围。布林带由三条线组成：中轨线、上轨线和下轨线。中轨线通常是价格的 SMA，上轨线和下轨线则是中轨线上下各加减 2 倍的标准差。布林带的主要用途是捕捉价格的波动区间，当价格越过上轨线或下轨线时，通常意味着价格的波动性较大，可能会出现回调或反转。投资者可以利用布林带的开口大小来判断市场的波动性，布林带开口变宽通常预示着市场波动性增加，价格可能会剧烈波动；布林带开口变窄则预示着市场波动性减小，价格可能会进入盘整状态。

随机指标是一种衡量价格动量的技术分析工具，其通过比较特定时间段内的收盘价与价格区间，揭示价格的超买或超卖状态。随机指标由两条线组成：%K 线和 %D 线。%K 线是通过计算最近 14 周期的收盘价与最低价之差，除以最高价与最低价之差，然后乘 100 得出的数值；%D 线则是 %K 线的 3 周期移动平均线。当随机指标高于 80 时，通常视为市场处于超买状态，价格可能会回调；当随机指标低于 20 时，通常视为市场处于超卖状态，价格可能会反弹。通过观察随机指标的变化，投资者可以判断价格的短期走势并作出相应的交易决策。

资金流量指标（Money Flow Index，MFI）结合了价格和交易量的概念，通过计算特定时间段内的资金流入和流出来衡量市场的买卖压力。MFI 的数值在 0 到 100 之间波动，当 MFI 高于 80 时，通常视为市场处于超买状态，价格可能会回调；当 MFI 低于 20 时，通常视为市场处于超卖状态，价格可能会反弹。MFI 的主要优势在于它不仅考虑了价格信息，还纳入了交易量数据，从而能够更全面地反映市场的买卖力量。

综合各类技术分析指标的应用，投资者在进行短期交易时应注意以下几点。首先，单一指标往往是片面的，不同指标可能会给出不同的交易信号。因此，在进行决策时，最好结合多个指标进行综合分析，以提高交易成功的概率。其次，技术分析指标并不是万能的，它们在反映历史价格数据的基础上进行预测，无法完全消除市场的不确定性。投资者应结合基本面分析和市场消息，综合考虑多方面因素，避免过度依赖技术分析指标。最后，在应用技术分析指标时，应时刻保持灵活性，根据市场变化及时调整交易策略，避免固守单一方法。

三、短期交易的风险管理

短期交易由于持仓时间短、市场波动频繁，其潜在的风险和收益较为显著，因此需要更谨慎和专业的风险管理策略。

短期交易的风险管理必须重视止损和止盈的设置。通过设置止损点，当市场价格朝着不利方向波动时，可以及时退出交易，以保护本金不被大幅侵蚀。止盈点同样重要，当市场价格达到预设的获利目标时，及时平仓将已经获得的收益落实，以防止市场瞬变导致的利润回吐。

短期交易者需对市场了解深刻，包括了解市场的波动性、市场趋势的分析，以及在不同交易时间段的市场动态和参与者行为。不仅需要技术分析工具如K线图、趋势线、技术指标等，还需结合市场消息面和基本面信息进行综合评估。在剧烈波动的市场中，能够快速识别出入场和出场的信号，并迅速执行交易计划，是规避风险的重要手段。捕捉市场热点并非易事，这需要交易者具备敏锐的市场洞察力和快速反应能力。仓位管理是短期交易风险管理的另一关键内容。合理的仓位管理不仅能提高获利水平，还能够有效地降低在单一交易中因市场波动带来的风险。交易者应根据自身的风险承受能力制定合适的仓位比例，避免过度集中持仓，分散风险的同时确保资金的灵活调配。

短期交易者还需对流动性风险保持高度的防范意识。流动性风险是指在市场交易不活跃或交易量不足时，以期望价格成交的可能性下降，甚至可能造成较大滑点。特别是在单一资产或小盘股进行短期交易时，流动性风险显得尤为显著。查看资产的交易活跃度，实时监测市场交易量，选择流动性较好的品种进行交易，可显著降低这一风险。利用杠杆进行短期交易虽然能放大收益，但同时也会放大风险。交易者必须清楚地认识到，杠杆在放大收益的同时也可能导致巨额损失。适度的杠杆比例和合理的资金配置是短期交易中规避高杠杆风险的有效方法。交易者应不断学习和实践，积累对杠杆操作的理解和控制力，切忌盲目追求高杠杆所带来的高回报。

心理风险也是短期交易中不容忽视的重要部分。由于短期交易节奏紧凑，交易者往往容易受到情绪波动的影响，尤其是在面对连续亏损或意外行情时，更易出现急躁、恐慌等情绪，导致交易决策失误。培训心理素质，保持冷静和客观，树立正确的交易心态，可以大大降低因情绪波动造成的心理风险。交易者要持有严格的交易纪律和执行计划，不因一时情绪而偏离既定策略，避免非理性交易导致的损失。在短期交易中，交易系统和工具的选取也是风险管理的重要组成部分。一个良好的交易系统能够帮助交易者自动化执行交易策略，减少因人为操作造成的错误和延迟。同时，交易者应选用稳定、高效的交易平台和行情数据源，确保交易执行的准确和实时性，避免由于系统故障或延迟造成不可预估的交易风险。

市场消息和基本面事件对短期交易决策有着深远的影响。交易者必须全面关注并解读市场重大事件、政策发布、公司公告等信息，预判事件对市场的潜在冲击，并结合技术分析及时作出调整。特别是在市场敏感事件如重要统计数据公布、中央银行利率决议等时段，更需严阵以待，根据市场反应灵活变动交易策略。

有利于短期交易风险管理的一个重要方法是定期回顾和评估交易策略。通过定期回顾过往交易记录，总结成功与失败的经验，能够不断优化交易策略，提高交易水平和风险管理效果。交易者还应记录每笔交易的决策依据、操作过程和结果，以便在今后的交易中加以参考和改进。

持续学习与交流是短期交易者保持竞争力和提高风险管理能力的重要方式。交易者需不断充实市场知识，更新交易技术和策略，与其他交易者交流分享经验，吸取他人的成功和教训。这不仅有助于拓宽思路，还可以提升自身对市场的系统化理解和应对能力。投资教育和专业培训是短期交易者提升自身能力和优化风险管理的重要途径。通过参加专业培训课程，交易者能够系统学习先进的交易理论和实战方法，掌握最新的交易工具和技术分析手段。适时充实和更新自身知识结构，有助于在充满不确定性的市场环境中应对自如。

合规操作也是短期交易风险管理的必要保证。交易者必须了解并遵守所在市场的各项法律法规，选择合法合规的交易平台进行操作，避免陷入法律纠纷或受到监管处罚。在遵循法律的前提下，进行合规、透明的交易，这不仅保护了自身的合法权益，同时也维护了市场的公平和秩序。短期交易的过程是一个充满挑战和风险的过程，采取科学、严格的风险管理策略，对于交易者实现长期稳定的收益具有决定性的影响。

四、市场情绪与交易策略

作为个体投资者，理解市场情绪的动态及其对市场波动的影响，有助于在不确定性的环境中作出明智的交易决策。市场情绪指的是投资者整体情绪的集合，它影响着市场价格和趋势。市场情绪的变化往往是由一系列因素引发的，包括经济数据发布、企业财报、重大事件以及市场传闻等。情绪波动可能导致市场显著波动，从而为短期交易者提供了机会，同时也带来了风险。

市场情绪可以分为两大类：乐观情绪和悲观情绪。乐观情绪通常会推高股票价格，导致市场出现上涨行情。当投资者普遍对未来持积极态度时，他们更愿意购入股票，推动需求上升，从而抬高股价。相反，悲观情绪会导致卖压增加，股价下跌。这种情绪常常在市场不确定性增强时出现，如宏观经济数据不佳、地缘政治风险升级或企业业绩未达预期。投资者在短期交易中应当善于捕捉这些情绪变化以制定相应策略。

利用市场情绪进行短期交易时，可以使用多种指标来感知和量化情绪。例如，交易量是一个重要的情绪指标。当市场情绪趋于极端时，交易量通常会显著增加。这可能是由于大量投资者纷纷买进或卖出股票所致。另一个情绪指标是市场的波动性，例如，芝加哥期权交易所波动率指数，反映了市场参与者对于市场波动的预期。高波动性通常代表市场情绪紧张，可能是恐慌或高期望所致。

新闻和社交媒体也成为捕捉市场情绪的重要工具。大量的新闻报道可以迅速影响市场情绪，而社交媒体更是汇集了各类投资者的即时反应。通过分析相关新闻及社交媒体上的评论和讨论，可以快速获得市场情绪的变化趋势。这种做法虽然主观性较强，但对短期交易者来说是不可忽视的信息源。

在实践中，短期交易者通常采用反转策略或趋势跟随策略来操作。反转策略基于当市场情绪达到极端时，价格有可能出现逆转。假设价格由于过度乐观情绪被推高，那么一旦情绪回归理性，价格可能会迅速下跌。交易者可以在极端情绪下入场，等待价格反转获利。而趋势跟随策略则相反，交易者会在市场情绪强烈且趋势明显时进行交易，买入价格上涨的股票或卖出下跌的股票，顺势操作以获取利润。

情绪分析在短期交易中的应用也包含情绪周期的理解。市场情绪通常经历周期性的变化，从贪婪到恐惧再到贪婪，如此反复。识别这些周期并预测下一个情绪阶段，是短期交易策略的核心之一。当市场情绪由贪婪转向恐惧时，可能会经历一个快速的市场调整期，此时短期交易者可以选择适时退出市场，以避免急剧的价格波动带来的风险。

尽管市场情绪对于制定短期交易策略具有重要意义，但并非唯一的决策依据。交易者还应结合技术分析和基本面分析，以作出更为全面和准确的判断。例如，技术指标如 MA、RSI 等，可以与市场情绪分析相结合，以识别更具潜力的交易点位。同时，基本面如企业财报、行业发展趋势等也应纳入考量，防止单纯依赖情绪而作出片面的决策。

必须强调的是，市场情绪具有高度的不可预测性及波动性，投资者在以情绪为基础进行短期交易时需要具备高度的敏感性和快速反应能力。管理风险是成功的关键，设定止损点和目标价位是控制风险的有效手段。同时，保持心理平衡和理性交易心态亦十分重要。情绪波动会影响交易决策，但作为个体投资者，应尽量避免受到过度情绪的干扰，保持冷静并坚持既定的交易计划。

五、如何选择短期交易工具

对于那些希望在短时间内通过市场波动获利的人来说，工具的准确选择能够决定交易的效率和效果。从图表分析工具到高频交易软件，每一种工具都有其独特的功能和适用情景。要进一步搞清楚如何选择短期交易工具，需要对主要的交易工具类别有深入的了解，并结合个体投资者的实际需求和风险承受能力进行综合评估。

图表分析工具是短期交易者最常用的工具之一。这类工具包括蜡烛图、线图、柱状图等不同的表现形式。蜡烛图能够详细展示每一个交易周期的开盘价、收盘价、最高价和最低价等信息，帮助交易者直观地看到价格的波动和趋势。除了基础的图表形式，不同的软件平台通常还附带多种技术指标，通过这些技术指标，投资者可以分析出市场的超买超卖情况、价格趋势的方向、买卖信号等信息，有助于他们迅速作出交易决策。

接下来需要考虑的是交易信号工具，这类工具的核心是为投资者提供买入或者卖出的信号。交易信号通常基于各种复杂的算法计算市场数据和指标，一旦触发特定条件，系统就会生成相应的交易信号，帮助投资者判断入场和离场的时机。自动化的交易信号系统通过减少人类情绪对交易决策的干扰，提高交易的客观性与效率，这对于短期交易者来说尤为重要。

高频交易软件也是短期交易的一大利器。这种工具采用高速计算和快速执行交易策略，通常仅在几秒甚至是几毫秒内完成大量交易。高频交易依赖先进的计算机算法，通过市场中的微小价格差异盈利。尽管高频交易可以极大地提升交易效率，但也要求投资者具备较高的技术背景和资金实力，因为这类软件往往昂贵且需要极佳的交易执行速度和稳定的通信环境。

交易机器人也是短期交易中不可忽视的工具。交易机器人是一种结合人工智能和机器学习技术的智能化交易工具，它可以根据既定的交易策略自动分析市场情况并执行交易指令。不同于简单的交易信号工具，交易机器人不仅能提供交易信号，还能自动下单，完全实现交易过程的自动化。这种工具对于那些不具备丰富交易经验或无法实时监控市场的投资者来说，无疑是大有裨益的。此外，通过不断的市场数据分析和策略优化，交易机器人能够逐步提升交易精度和盈利能力。

经纪商提供的平台和工具也是短期交易者需要重视的选择因素。不同的经纪商提供的交易平台和工具各有侧重，有些平台功能丰富，包括广泛的技术分析工具、新闻推送、交易日历等，而有些平台则可能更加关注交易执行速度和可靠性。选择一个适合自己的交易平台不仅能提供更多可靠的交易数据和分析工具，还能提高交易的便捷性和顺畅度。

移动交易应用的普及让投资者可以随时随地进行交易，这为短期交易者提供了极大的便利。通过移动应用，投资者可以在任何时间和地点查看市场动态，分析图表数据，执行交易指令。移动交易工具通常具有简洁而直观的界面设计，操作方便，且提供实时的市场数据和新闻推送功能，这有助于短期交易者及时抓住交易机会。

在短期交易工具中，还有一类是社交交易平台。这类平台允许个人投资者跟随或复制成功交易员的交易策略，通过观察和学习那些经验丰富的交易员的投资决策，提高自身的交易能力和策略执行水平。社交交易平台通常还提供社区交流功能，投资者可以在平台上交流交易经验、分享市场见解，从而更好地融入交易者社区。

在选择短期交易工具时，还需要考虑工具的安全性和数据保护措施。市场上的金融工具和平台种类繁多，但其中不乏存在安全隐患和数据泄露风险的平台与工具。在选择工具时，投资者需要优先选择那些经过严格安全测试和验证的平台，并确保其具有完善的数据保护措施，如数据加密、双重认证等。

短期交易工具选择的最后一个重要因素是费用和成本。不同的交易工具和平台在使用时可能会产生各种费用，包括但不限于交易佣金、平台使用费、数据订阅费等。这些费用将直接影响到交易者的盈利能力。因此，在选择工具之前，投资者需要全面了解各类费用，并根据自身的交易频率和规模进行成本效益分析，选择性价比最高的交易工具。

第三节　避免常见投资误区

一、过度交易的危险

过度交易可能在短时间内带来一时的收益，但长期来看，它通常会影响投资者的整体回报和财务健康。过度交易的危险主要体现在多个方面，这些方面综合起来会对个人投资者产生深远的负面影响。

过度交易显著增加了交易成本。每次买卖行为都伴随着佣金、价差和税费等交易成本，这些费用在过度交易的情况下累加起来，可能占用投资者利润的一大部分。如果投资者频繁进行交易，即使个别交易账面上看起来有利润，但综合交易成本之后，净收益可能微乎其微，甚至可能出现亏损。对于小额投资者来说，这些成本的比例尤其显著，可能直接侵蚀其收益。

过度交易会造成心理和情绪上的负担。频繁的交易行为要求投资者时刻关注市场动向，这不仅需要大量时间和精力，也会对心理健康产生负面影响。持续的市场波动和短期价格变化容易导致投资者情绪波动，从而在情绪驱动下作出非理性决策。研究表明，情绪波动与投资表现往往呈负相关，比如情绪高涨时盲目乐观导致的追高买入和情绪低落时的恐慌性抛售，这些行为往往会让投资者损失惨重。

过度交易通常基于对短期市场预测的过于自信，这是一种认知偏差。一些高级投资者或专业交易员利用技术分析或市场趋势来进行操作，但从长期来看，市场的波动性和不确定性是无法完全预测的。一些研究显示，即使是专业基金经理，也难以在长期内持续地战胜市场。短期内市场受到各种不确定因素的影响，这些因素包括经济数据发布、宏观经济政策变动、国际政治局势等，任何一个因素都可能引发市场的剧烈波动。投资者试图捕捉这些短期波动，不仅难度极高，而且风险极大。

投资者在过度交易时，也可能忽视长期投资的优势。长期持有优质资产，尤其是股票市场中的蓝筹股，尽管它们可能会有短期波动，但从历史数据来看，长期持有的回报率通常较高。过度交易的行为偏离了这种长期投资策略，使得投资者难以享受时间复利所带来的收益。长期持有通常也意味着较少的交易次数，从而降低了交易成本，实现收益的最大化。

从投资理论的角度来看，过度交易往往违背了现代投资组合理论。根据现代投资组合理论，投资者应当通过分散投资来降低风险，而不是集中精力在多个短期交易上。过度交易的行为本质上是在增加单一时间点的市场风险，这种策略反而对投资组合的整体风险管理不利。此外，分散投资有助于平滑投资收益，但频繁交易逐利却将风险集中在有限的机会中，使得投资组合更加脆弱。

风险控制也是重要的一部分。过度交易的行为往往伴随着高杠杆和高风险的投资决策。为了满足频繁交易的资金需求，投资者可能会借用杠杆，但杠杆的使用在增加潜在收益的同时，也大大放大了潜在损失。如果市场走向与预期相反，高杠杆的交易会迅速导致巨大损失，甚至可能使投资者陷入财务危机。

过度交易的心理诱因包括焦虑、贪婪和害怕错过市场机会。这些情感驱动下的交易行为，不仅违背了理性投资的原则，还常常导致灾难性的结果。长期成功的投资更多依赖耐心和对投资标的的深入研究，而不是市场的短期波动。合理控制情绪，建立明确的投资策略和纪律，避免在短期价格波动中迷失方向，是防止过度交易的关键。

二、过于自信的陷阱

过于自信的陷阱对于个体投资者来说，是投资行为中不可忽视的心理偏差之一。投资者在面对市场信息、经济环境以及企业业绩的波动时，经常容易产生过度自信，这种自信不仅可能导致投资判断的偏失，还会导致实际投资结果与预期之间存在显著差距。过于自信的根源在于人们对自身知识、判断力和控制力的高估，相信自己拥有比实际更多的专长和信息，从而低估了市场的复杂性和随机性。

一个常见的过于自信表现为高估自身的信息处理能力和市场预测能力。许多投资者相信自己能识别出关键的市场趋势和转折点，从而在低价时买入、在高价时卖出。实际上，市场行情的波动往往受到复杂多变的因素影响，不仅有经济数据、企业财报，还有政治事件、国际关系等，这些都不是任何单一投资者能够完全掌控和预测的。在这样的背景下，过度自信的投资者可能会频繁进行交易，希望以短期波动获取利润，但最终忽视了高交易成本和税费对收益的侵蚀，从而影响了整体的投资回报。

另一个过于自信的典型表现是忽视分散投资的重要性。过于自信的投资者往往坚信自己对某一市场或某一资产类别有深入了解，因而将大部分资金集中在少数股票或行业中，忽视了投资组合多样化的重要性。集中投资带来的高风险，可能在市场变化或个别企业的意外事件中暴露出来，造成严重的财务损失。相比之下，长期投资和分散投资能有效降低风险，能够更好地应对市场的不确定性，从而实现更为稳健的投资回报。

过于自信的陷阱还体现在对损失的低估和对盈利的高估上。投资者可能会过度解读一段时间内的成功，认为自己的选股能力出色，从而在未来的投资决策中冒险增加投入。然而，实际市场表现总是充满不确定性，过去的成功并不代表未来的必然盈利。相反，一旦遭遇亏损，过于自信的投资者往往倾向于持有亏损资产过长时间，期待市场反弹，这种损失厌恶的心理倾向加剧了投资者的财务压力，进一步扭曲了原本合理的投资策略。

还有一种表现形式是对自身耐心和市场承受力的高估。特别是在牛市期间，投资者容易误判自身风险承受能力，盲目扩大杠杆或者追加投资，以期获得更高的回报。然而，一旦市场调整甚至崩盘，投资者的心理承受力和保证金要求都将受到严峻考验。市场下跌的压力可能导致投资者慌不择路地卖出现有资产，锁定亏损，造成资金损失和心理打击。

信息技术的普及和金融媒体的发达，使得个体投资者处在信息泛滥的环境中。虽然有大量数据和资讯可供参考，但是过于自信的投资者容易误认为自己已经掌握足够的信息，忽视了信息的真实性、时效性和相关性。这种过度依赖的现象经常使投资者作出基于片面信息的决策，甚至受到误导性信息的干扰，忽略了深入分析和理性判断的必要性，而这种冲动性的投资行为往往难以实现预期的盈利。

心理学上的“自利偏差”作用也不能忽视。投资者倾向于将成功归因于自己的能力和判断力，而将失败归因于外部环境的不利，这种自我评价上的偏差放大了过于自信的心理倾向。长期下来，投资者很难真正反思和修正自身的投资策略和行为模式，容易陷入各类投资误区。

三、忽视基本面的风险

忽视基本面的风险不仅是投资中的常见误区，也是导致投资失败的一个主要原因。基本面分析是评估经济、金融状况及其他相关因素，以确定一项资产品质与价值的一种方法。它涉及对企业的财务报表、管理团队、市场地位、竞争优势等多个方面进行详细研究和分析。因此，忽视基本面等于忽视了投资对象的真实价值和潜在风险。

投资者在面对市场中形形色色的信息和波动时，容易被短期市场波动和各类消息迷惑。例如，许多投资者倾向于根据股价的短期波动或媒体的热点新闻来作出投资决策，而忽视了企业的实际运营状况和长期增长潜力。这种行为往往会导致投资决策上的重大失误。企业的股票价格在短期内可能因为多种因素波动，但如果企业的基本面良好，即便在短期波动中，也具备长期的增长潜力。

基本面分析的重要性还体现在识别价值投资机会上。当市场上普遍忽视某些企业的基本面，导致其股票价格被低估时，正是价值投资者介入的好机会。许多成功的投资者就是通过深入研究企业基本面，发现那些市场没有充分认识到其价值的企业，进而进行长期投资获得丰厚回报。

忽视基本面的风险也表现在透过表面现象看不到潜在的问题。一个企业的股价可能因为它的短期业绩或利润增长而被市场追捧，但如果这个企业的盈利模式具有不可持续性，或者其背后存在管理不善、债务过高等基本面问题，那么这样的投资具有很高的风险。没有实际的基本面支撑，市场情绪一旦转变，股价可能会快速下跌，给投资者带来严重损失。

对基本面的充分分析还包括对行业前景的了解和宏观经济环境的把握。一个企业是否能持续健康地运营，不仅取决于其内部管理和运营状况，还与其所处的行业和整体经济环境密切相关。因此，投资者在进行个股投资时，不仅需要评估企业自身的基本面，还应关注行业的发展趋势、市场需求变化、政策法规以及经济周期等因素。

基本面分析还涉及对财务报表的详细解读。投资者需要通过分析资产负债表、利润表和现金流量表来评估一个企业的财务健康状况。仅仅看一个企业的财务数据指标是不够的，还需要深入理解这些数据背后的含义。例如，一个企业可能有很高的收入和净利润，但如果其现金流不稳定、债务负担过重，这可能会在未来影响其运营和发展。因此，对财务报表的细致分析是评估企业基本面的一个重要方面。

管理层的素质是另一个不可忽视的基本面因素。企业管理层的决策能力、战略眼光和执行能力在很大程度上决定了企业未来的发展方向和潜力。投资者可以通过管理层的历史业绩、公开演讲和报告、媒体采访等渠道来评估其素质和能力。可靠、有远见的管理团队是企业实现长期增长和稳定业绩的重要保障。

竞争优势是评估基本面的另一个关键维度。一个企业拥有独特的竞争优势，如技术领先、品牌影响力、规模经济、专利保护等，可以在市场竞争中立于不败之地，从而实现长期稳定增长。投资者需要识别这些竞争优势，并评估其可持续性。如果一个企业的竞争优势难以模仿或替代，那么它在市场中的位置就相对稳固。

风险管理和治理结构也是基本面分析中不能忽视的部分。企业的治理结构、内部控制、审计制度等，是保障企业健康运营的重要机制。如果一个企业在这些方面存在缺陷或漏洞，可能会引发财务造假、管理层腐败等问题，严重影响企业的运营和股东利益。投资者应该详细了解企业的治理和风险管理状况，以评估其投资的潜在风险。

四、跟风投资的危害

跟风投资的危害在投资领域中不容忽视。许多投资者，尤其是个体投资者，常常受到市场热点、媒体报道和其他投资者的影响，盲目跟随他人的投资决策。这种行为不仅违背了理性的投资原则，还可能导致巨大损失。

跟风投资往往缺乏独立性和深度分析，即投资者并未进行充分的市场调研和个股分析，而是直接依据其他人的行为作出投资决策。这种缺乏独立判断的做法容易导致投资者陷入市场泡沫。当市场热点逐渐降温或转变时，过度依赖跟风投资的个体投资者无法及时作出相应调整，最终面临大幅度亏损。

跟风投资容易导致投资者过度集中于某一特定股票或行业，从而忽视了投资组合的多样化原则。投资组合的多样化能够有效分散风险，但频繁的跟风投资却可能导致投资者将资金集中在市场热门的、表现良好的股票或行业，而这些股票或行业在短期内获得卓越回报后极有可能出现回调。一旦出现不利的市场变化，投资者因过度集中于少数标的，导致投资组合的抗风险能力大幅减弱，面临巨大资产缩水的风险。

跟风投资容易导致投资者忽略基本面分析和价值投资原则。理性投资强调对标的企业的基本面进行深入研究，包括但不限于企业财务状况、行业前景、管理团队、竞争优势等。然而，跟风投资者往往被市场的情绪左右，忽略了对投资标的基本面的分析。他们认为其他投资者都在购买某只股票，便盲目认为该股票具有投资价值。这种盲从行为在市场转冷时极易出现问题，原因在于“掉队”企业的基本面并未发生改变，实际价值得不到有效支撑，股价很可能迅速下跌。

跟风投资的不理性行为不仅源于资金和分析能力的限制，而且与投资者的心理因素密不可分。在投资过程中，投资者心理的影响尤为明显。人们天生有从众心理，总是倾向于相信大多数人的决定是正确的。这种心理在投资决策中表现为：投资者倾向于追随大众的投资行为，而不是根据自身的判断去作出决策。在牛市中，随着股价不断上涨，越来越多的人加入投资者行列中，市场处于一种乐观的情绪中，跟风的投资者数量也随之增加，很多资金涌入热门股票。然而，一旦市场情绪发生逆转，股价迅速下跌，跟风投资者往往措手不及，巨额亏损在所难免。

跟风投资还可能导致投资者频繁交易，增加交易成本和心理压力。在整个交易过程中，买卖股票需要支付手续费、印花税等费用，过于频繁的交易不仅会增加这些成本，还会影响到投资者的长远收益。另外，频繁交易也会给投资者带来较大的心理压力，因担心错失市场热点，投资者可能会产生焦虑、恐慌等情绪，影响其正常的生活和工作。频繁交易使得投资者无法按照原定的投资计划执行，更容易在市场波动中犯下错误决策。

跟风投资容易忽视风险管理。在市场乐观时，投资者往往只看到了潜在的高收益，而忽略了隐藏的高风险。跟风投资的一个显著特点就是追涨杀跌。在股价上涨阶段，投资者蜂拥买入，生怕错过赚钱机会；但在股价下跌阶段，又恐慌性卖出，害怕进一步亏损。这样一来，不仅未能实现盈利目标，反而因频繁的买卖操作而遭受损失。并且，跟风行为无形中放大了市场的波动性，进一步加大了投资的不确定性，增加了投资者的风险暴露。

投资理应以理性、独立和深入分析为基础，盲目跟从他人的投资行为有百害而无一利。投资者应加强自身的金融知识学习，提高分析能力，培养独立决策的能力。在选择投资标的时，不仅需要关注当前市场热点和其他投资者的行为，还应进行全面、深入的企业基本面分析和行业研究。投资是一门科学和艺术相结合的学问，不能仅凭感性和从众心理进行操作。只有在做好充分的分析和准备后，才能有效地控制风险，实现财富的长期稳健增长。

五、信息过量的危害

信息过量是指信息的数量超出了个体处理与理解的能力，从而导致决策质量的下降。对于个体投资者而言，信息过量是一个普遍且重要的问题。在现代社会中，各类信息源与渠道众多，使得投资者很容易被大量的资讯淹没，而无法辨别其真实性及有效性，也难以从中提取关键信息。这不仅会让投资者变得焦虑和困惑，还可能导致决策失误。因此，避免信息过量对于个体投资者来说至关重要。

要有效避免信息过量，需要提升自身的信息素养。这意味着投资者需要学会评估和筛选信息的能力。信息素养包括理解信息的来源、评估信息的可靠性以及识别信息背后的意图。例如，新闻和社交媒体中大量的信息可能带有偏见或误导性质，而某些专业的投资报告和分析则更为可靠。投资者需要学会区分这些信息源，优先参考具有权威性和可信度的信息，从而减少被无用或虚假信息干扰。

个体投资者需要明确自己的投资目标和策略。清晰的投资目标和策略能够帮助投资者聚焦于相关的信息，降低因接触过多无关或不必要信息而引发的焦虑和困惑。例如，如果投资者的目标是长期增值，那么他们可能更关注企业的基本面和宏观经济趋势，而不是短期市场波动。通过明确投资目标和策略，投资者能够有针对性地筛选和分析信息，使信息的数量和质量更为可控，从而有效减少信息过量。

设立固定的信息获取渠道和时间也是一种有效的策略。投资者可以选择几家权威的财经媒体或专业平台，只在特定的时间段进行信息的获取和分析。这不仅有助于避免无休止地搜索和浏览信息，还能形成一种良好的信息处理习惯。通过固定获取信息的时间，投资者能够更有秩序地处理信息，避免因过量的信息而感到疲惫和焦虑。

管理信息的接收与处理过程同样重要。投资者可以采用记笔记或投资日志的方式，将关键信息记录下来，并定期回顾和整理。这样做不仅有助于信息的系统化管理，还能帮助投资者更清晰地理解市场动态和投资决策的逻辑。通过这种系统化的记录和管理，投资者能够更加高效地处理信息，避免因信息过多而影响决策质量。

培养批判性思维也是避免信息过量的关键。面对庞杂的信息，批判性思维能够帮助投资者质疑和分析信息的真实性和有效性，而不是被动地接收所有信息。这种思维能力不仅可以提升投资决策的质量，还能减少因信息过量而导致的焦虑感。批判性思维的培养需要长期的训练和积累，但对于应对信息过量问题具有持久的帮助作用。

建立一个稳健的信息过滤和评估体系也是必需的。个体投资者可以利用一些高效的信息过滤工具和技术，来帮助筛选掉无关或低质量的信息。例如，运用自动化的新闻摘要工具、关键词过滤软件等。这些工具不仅能够提升信息处理的效率，还能帮助投资者将精力集中在高质量和高价值的信息上，从而更好地作出投资决策。

与其他投资者和专家的交流也可以作为一种有效的信息验证和过滤手段。通过参与投资讨论或加入投资者社区，个体投资者能够获取不同的视角和观点，这有助于对信息进行多维度的分析和验证。此外，这种交流还有助于个体投资者明确自己的认知偏差，进一步优化信息处理和决策过程。

合理地运用技术工具和数据分析方法也是抵御信息过量的重要手段。现代科技提供了丰富的数据分析工具和平台，投资者可以通过这些工具更精准地分析市场动向和趋势，从而减少对庞杂信息的依赖。这不仅提高了信息处理的效率，也降低了信息过量的风险。

投资教育和持续学习也是不可或缺的要素。通过系统的投资教育，个体投资者能够掌握更为专业和有效的信息处理方法和投资技巧，进一步提升抵抗信息过量压力的能力。持续学习的过程还能够保持对市场和经济环境的敏锐感知，从而更好地应对不断变化的信息环境。

第八章 案例分析与实战演练

第一节 成功投资者的案例分析

一、投资者A的背景与投资策略

对于成功的投资者而言，其背景与经验往往能够给予人们深刻的启示。投资者A是一位经验丰富且战绩卓著的个体投资者，在金融市场中可谓“屡战屡胜”。其背景、投资策略和方法论不仅帮助他在不确定的市场条件下游刃有余，更让人看到了一个成功投资者应具备的素质。

投资者A出身于一个普通的中产家庭，早年没有显赫的家庭背景或财务支持。他在大学期间表现出对于经济学和金融学的浓厚兴趣，选择了与投资相关的专业课程。毕业后，他进入了一家金融机构，从事证券分析师的工作。在这段时间里，他积累了大量的市场分析和研究经验，为其后来的独立投资打下了坚实的基础。

在工作几年后，投资者A决定辞职，开始全职从事个人投资。这一决定基于他对市场的深刻理解以及对自身投资能力的高度自信。虽然放弃稳定的工作是一个大胆的举动，但他坚信，凭借自己的知识和积累的实战经验，能够在充满不确定性的金融市场中找到一条适合自己的道路。

投资者 A 的投资策略主要基于三大核心原则：风险管理、价值投资以及多元化配置。

风险管理是投资者 A 最为重视的一环。尽管市场上的高收益机会诱人，但他始终保持着理性的态度，对于每一项投资都会进行全面的风险评估。他深知，投资不仅仅是为了追求高收益，更重要的是保全本金。因此，他制定了严格的止损策略和风险控制措施，以确保在市场波动剧烈时能够有效地保护投资组合。他通过设置合理的止损点和分散投资来降低风险，避免将所有的资金集中在某一项高风险资产上。

在价值投资方面，投资者 A 深受本杰明·格雷厄姆和沃伦·巴菲特等投资大师的影响。他坚持寻找那些市值被低估的优质企业，这些企业往往具备稳健的财务状况、良好的经营模式以及持续的盈利能力。他注重对企业基本面的深入研究，包括对财务报表的分析，对管理团队的评估以及对行业前景的判断。通过这种方式，他能够在市场的低谷期发现隐藏的投资机会，买入并长期持有，从而在企业价值回归的过程中获得可观的收益。

多元化配置是投资者 A 的第三大核心策略。他认为，只有通过资产的多元化配置，才能真正实现风险的分散和收益的稳定。具体而言，他并不将所有资金投入某一领域或某一种资产类型，而是根据市场环境和自身研究，合理配置在股票、债券、房地产、大宗商品等多种资产领域。这种做法不仅能够在不同的市场周期中保持投资组合的稳健增长，还能有效地对冲某一类资产风险，确保整体投资组合在不同市场环境中的稳健表现。

除了这些核心策略，投资者 A 还非常注重动态调整投资组合。他密切跟踪宏观经济环境、政策变化以及市场动向，及时调整投资组合的结构和配置比例。通过不断学习和适应市场的变化，他能够在复杂多变的市场环境中保持敏锐的洞察力和前瞻性，这也使得他的投资策略具有高度的灵活性和适应性。

投资者 A 的成功不仅依赖其策略的科学性和严谨性，还得益于其持之以恒的学习精神和良好的心态。他深知，投资是一场持久战，需要不断充实自己的知识体系，时刻保持对市场的敏感度。同时，他具备良好的心理素质，能够在市场出现波动时保持冷静和理性，不轻易被市场情绪左右。从长期来看，这种稳定的心态和持续的学习能力，正是他能够在金融市场中立于不败之地的重要原因。

总结投资者 A 的成功经验能够看到，成功的投资不仅仅是依赖个人的智慧和运气，更是一个科学、严谨的过程。通过严密的风险管理、深刻的价值分析以及灵活的多元化配置，投资者 A 不仅在不确定的市场环境中找到了自己的成功之道，也为广大个体投资者提供了宝贵的借鉴和参考。他的经历告诉人们，只有在不断学习和实践中积累经验，才能在变幻莫测的市场中游刃有余，最终实现持续的财富增长。

二、投资者B的成功投资案例

投资者 B 是一个典型的成功投资者，其成功之路蕴含着深刻的智慧与策略。他的投资案例不仅向人们展示了一个理智、审慎、具有远见卓识的投资者如何在不确定条件下实现财富增值，更为人们提供了许多实践中的宝贵经验和技巧。

投资者 B 在投资市场上取得成功并非偶然，而是一个系统性的过程。他善于分析市场环境，作出理性的投资决策。在选择投资标的时，他总是通过广泛收集信息、详尽的财务分析以及深入的市场调研，来评估潜在的投资机会。哪怕是在潜力巨大的新兴市场，他也不会被短期的波动和市场的喧嚣干扰，而是通过冷静的判断和务实的态度，谨慎选择最具潜力的资产来进行投资。

在实际操作过程中，投资者 B 非常注重分散投资。他深知市场的不确定性和波动性，因此，从不将所有资金集中在单一资产或单一市场上。他的投资组合中包括股票、债券、房地产、贵金属等多种资产类别，且这些资产之间的相关性较低，从而有效地分散了投资风险。即使在某一市场出现大幅下跌的情况下，整体投资组合的稳定性依然能够得到较好的保持，从而有效保护了资本。

对于市场趋势的把握，投资者 B 展现出了极高的敏锐度和前瞻性。通过长期的市场观察和数据分析，他发现了一些具有较好增长潜力的行业和领域，如科技创新、新能源、医疗健康等。在这些领域中，他特别关注那些具备核心竞争力、技术创新和市场拓展能力的企业，并在它们尚未被广泛认知和追捧时果断入手。这些前瞻性的投资，使得他在新兴行业崛起的过程中获取了丰厚的收益，也为其投资组合带来了极高的增值潜力。

在风险管理方面，投资者B执行了一系列严密的策略。他深信成功的投资不仅仅在于增长潜力，更在于对风险的有效控制。他使用了多种风险管理工具和策略，包括设立止损点、定期调整投资组合、使用对冲工具等。有时，他还会根据市场环境的变化，灵活调整投资策略。例如，在股市动荡或经济前景不明朗的时期，他会适度减少高风险资产的持仓比例，增加现金或低风险产品的持仓比例，以降低市场波动对整体投资组合的负面影响。

投资者B的成功也得益于他对心理情绪的控制能力。市场的波动性常常引发投资者的恐慌和贪婪，而他则始终保持着冷静和理智的心态。他坚信理性的判断和长期的价值投资能够战胜短期的市场波动。因此，即使在市场大幅下跌时，他也不会盲目跟风抛售手中的优质资产，而是根据自己的投资判断和风险承受能力，冷静地作出理性的决策。他不被短期收益驱动，坚守自己的投资理念，以长期持有优质资产为目标，最终在市场恢复时获得了巨大的回报。

投资者B还十分注重自身的学习和进步。在他看来，市场在不断变化，只有不断学习、不断更新知识，才能在竞争激烈的投资市场中保持领先地位。他通过阅读大量的投资书籍、参加专业的投资研讨会、与其他成功的投资者交流心得，持续提升自己的投资技能和知识储备。这种对学习的重视，使得他能够不断优化投资策略，灵活应对市场变化，保持投资的高效性和前瞻性。

投资者B是一个虔诚的价值投资者。他坚信选择那些具备长远增长潜力、管理团队优秀、经营模式稳健的企业进行投资，长期持有，便能获取持续的投资回报。他并不追求短期内的暴利，而是通过选择优秀的公司陪伴其成长，享受其长期发展所带来的价值提升。这种投资理念，使得他得以在市场波动中保持稳定的收益，也奠定了其成功的基础。

投资者B在投资中展现出的耐心亦是其成功的关键之一。他并不急于求成，而是通过系统性、策略性的布局，循序渐进地实现财富增值。他相信时间是投资最好的朋友，只要选择了正确的标的、采取了正确的策略，耐心地等待市场的认可，终会获得丰厚的回报。

综合来看，投资者 B 的成功在于他严谨的投资分析、广泛的资产分散、敏锐的市场洞察、严格的风险控制、稳定的心理素质、不懈的学习态度以及坚持价值投资的理念。这些经验和策略，不仅为人们提供了可借鉴的投资智慧，也让人们深刻体会到成功投资的本质。投资市场充满不确定性，但通过理性的分析、科学的策略和坚定的执行，成功的投资者总能在不确定的环境中找到确定的机会，实现财富的保值与增值。

三、投资者C的风险管理方法

投资者 C 被金融界视为一位成功的投资者，这不仅由于他在市场上的卓越表现，更因为其独特且系统化的风险管理方法。风险管理在投资过程中尤为重要，因为金融市场具有高度的不确定性，投资者 C 深谙此道，通过一系列科学的方法和策略，有效地减少了投资过程中的风险暴露，这为他的投资组合带来了稳健的回报。

投资者 C 在风险识别方面的能力尤为突出。一开始，他会对各类金融产品和市场进行详尽的分析，识别出潜在的风险因素。这包括经济环境、市场走势、行业前景、公司运营状况等多方面的考虑。通过利用各种金融工具和统计模型，他能够精确地评估不同投资标的的风险水平。例如，他使用在险价值模型来量化单一资产和组合资产的风险，还结合蒙特卡罗模拟进行更深层次的风险评估。

在操作层面，投资者 C 非常注重分散投资，以降低系统性风险。通过将资金分散到不同的资产类别、行业和地理区域，他有效地减少了单一市场或资产暴跌对整体投资组合的冲击。他常采用的资产类别包括股票、债券、房地产和商品等。他不仅在国际市场中进行广泛投资，还关注新兴市场及特定行业的高潜力资产。这种多元化策略，使他的投资组合具有更强的弹性和抗风险能力。

投资者 C 还运用了严格的投资纪律。他在制定投资策略时，会设定明确的投资目标和风险承受范围，并据此进行动态调整。在每次作出投资决策之前，他会反复评估风险与回报之间的平衡，确保每笔投资都符合预期的回报率和风险承受能力。当市场环境发生变化时，他会及时检视并调整其投资组合，避免因市场波动造成的过度损失。通过这种持续的跟踪和调整，他能够在不确定的市场环境中保持稳定的投资表现。

投资者C还运用了止损和止盈策略，当投资标的价格下跌至某一预设水平时，他会果断地卖出该资产，避免更大的损失。同样，当资产价格达到预期盈利目标时，他也会及时卖出，锁定利润。这一策略不仅能有效地控制风险，还能帮助他实现投资目标，确保在市场波动中牢牢把握住每一个盈利点。

在风险管理工具的使用上，投资者C非常精通。他会运用金融衍生工具如期权和期货来对冲风险。例如，在他持有大量股票时，他可能购买看跌期权以防止股票价格下跌带来的损失。反过来，他也可能卖出看跌期权获取权利金，这样即使股市出现下跌，他也有一定的缓冲。通过利用这些工具，他能够在风险和收益之间寻找到最佳的平衡点，有效地控制整个投资组合的风险暴露。

投资者C对宏观经济环境的变化保持高度敏感，他会密切关注各国的政治动向、经济政策、货币政策等因素，因为这些因素往往会对市场产生重大影响。例如，当某国的货币政策趋向宽松时，他会增加在该国股票市场的投资比例，反之则会减少。这种对宏观环境的深刻理解，使他能够在复杂多变的市场中占得先机，并有效地规避相应的风险。

心理素质也是投资者C成功的重要因素之一。在金融市场中，情绪波动会对投资决策产生巨大影响。他坚持在面对市场波动时保持冷静，不盲目跟风，不被短期市场波动干扰。相反，他会利用市场恐慌时期逆向投资，逐步增持优质资产，待市场恢复时获取超额收益。他的这种冷静与理智，源于多年的市场经验和深刻的风险认识。

投资者C还注重数据和信息的透明化管理。他会及时收集、整理和分析市场数据，并根据分析结果作出投资决策。这种数据驱动的决策方式，使他能够对市场变动作出快速反应，避免了很多潜在的风险。同时，他也善于从历史数据中寻找规律，通过对过去市场波动和投资结果的回溯分析，不断优化自己的投资策略和风险管理方法。

综合来看，投资者C的风险管理方法不仅是其投资成功的重要保证，也是值得广大个体投资者学习和借鉴的一套系统化的风险管理策略。通过风险识别、分散投资、动态调整、严格的投资纪律、金融工具的运用、对宏观环境的敏感度以及强大的心理素质，投资者C有效地控制了投资过程中的各类风险，确保了其投资组合的稳定增长。这样的系统性风险管理方法，无疑是个体投资者在面对不确定市场环境时的一大法宝。

四、投资者D的长期投资理念

投资者D的长期投资理念深刻地体现了对于市场规律的理解、长期战略的执行与投资心态的平衡。他的投资理念主要包括以下几个方面：了解并接受市场的不确定性，进行深入的研究和分析，合理配置资产，坚持长期投资，保持理性心态。这些理念不仅展示了他在股票市场中的成功轨迹，也为众多投资者提供了宝贵的借鉴经验。

投资者D深知市场的不确定性是不可避免的。市场波动源于各种因素，包括经济周期、政治事件、自然灾害等。在这种复杂多变的环境中，他选择了接受不确定性，而不是试图消除它。这一理念使得他的投资策略更加稳健，并且他不会因为短期的市场波动而频繁调整自己的投资组合。他认为，市场的不确定性不仅是一个挑战，更是一个机遇。当市场出现非理性的恐慌或狂热时，往往正是进行冷静思考和策略调整的良机。

为了更好地应对市场的不确定性，投资者D进行了深入的研究和分析。他不仅关注宏观经济指标，如GDP增长率、通货膨胀率、利率等，还详细研究企业的财务报表、行业前景和企业的管理层等微观因素。通过这些系统性的分析，他能够更好地评估投资标的的内在价值，并识别出那些被市场低估的企业。此外，他也不盲目跟从市场的热点，而是始终坚持自己的研究结论。例如，在某些高风险、高回报的科技股风头正劲的时候，他仍然选择投资那些市盈率合理、有稳定增长潜力的传统行业股票。

合理的资产配置是投资者D长期投资成功的一个重要因素。他强调投资组合的多样化，通过在股票、债券、房地产、商品等不同类型的资产之间进行配置来分散风险。他还坚持动态调整策略，根据市场的具体情况和个人的风险承受能力进行再平衡。例如，当股市处于高位时，他会适当减少股票的持仓比例，增加债券或现金的比例以降低整体投资组合的波动性。而当市场处于低位时，他会逐渐加大股票的持仓比例，以便在市场反弹时获得更高的收益。

坚持长期投资是投资者D的一贯理念。在他看来，时间是投资者最好的朋友。长期投资不仅能够享受复利的效果，还可以避免市场短期波动带来的情绪影响。他通常选择那些具有长期竞争优势、经营模式稳定且管理层优秀的企业进行投资。他认为，只要企业的基本面没有显著变化，股票的价格波动只是市场情绪的反映，而不会影响企业的内在价值。因此，他不会因为一两次财报数据的不佳而轻易抛售股票，而是通过定期的跟踪和分析，坚定持有看好的标的。例如，他曾在金融危机期间坚持持有某家银行的股票，尽管短期内该股票价格大幅下跌，但他坚信这家银行的基本面良好，最终在市场反弹后获得了显著的回报。

保持理性心态是投资者D长期投资成功的基石。无论市场如何波动，他都能冷静应对，不受情绪的干扰。他深知，市场中的贪婪和恐惧是投资者最大的敌人，因此他强调"四不"原则：不盲从、不恐慌、不急躁、不侥幸。他会在制订投资计划时充分考虑各种可能的风险，一旦计划确立，便坚定执行，避免受到市场情绪的左右。此外，他还通过定期反思和调整来不断优化自己的投资策略。他会在每一次投资决策后，进行详细的总结和分析，评估自己的判断和执行情况，从中吸取经验和教训，提高下一次的决策质量。

投资者D的长期投资理念并不是一成不变的，而是随着市场和经济环境的变化不断调整和优化。他强调，投资者必须保持学习和进步的态度，及时获取最新的信息和知识，以应对市场的变化。而他的成功经验也告诉人们，在投资过程中，理念比具体的操作方法更为重要。只有树立正确的投资理念，才能够在复杂多变的市场中立于不败之地。

投资者D的经验体现了在不确定条件下，长期投资的重要性和可行性。他的理念清晰，策略明确，执行坚定，为我们提供了一个鲜活的实践案例。通过对投资者 D 理念的深入剖析，我们不仅可以理解他在资本市场中取得成功的原因，更能够借鉴其方法，指导我们自己的投资实践。在复杂多变的市场中，保持理性、坚持研究、合理配置、长期投资，是每一位投资者都应当时刻铭记的。投资者 D 的长期投资理念无疑为我们树立了一个值得学习和效仿的典范。

五、投资者E的多元化投资组合

投资者 E 的多元化投资组合能够在不确定条件下实现稳健收益，这一理念根植于多元化投资理论。多元化投资的核心在于通过分散持有不同性质的资产，降低单一投资可能带来的不确定性风险，从而提升整个投资组合的稳定性和回报率。投资者 E 的成功经验表明，在面对市场波动和经济不确定性时，多元化策略能够提供有效的保护机制，并最大化预期收益。

投资者 E 的多元化投资组合涉及多种资产类别，包括股票、债券、房地产、商品和现金。每种资产类别在经济周期中表现不同，通过合理配置这些资产，他实现了风险的分散和收益的平衡。股票市场具有高收益、高风险的特点，他通过行业的分散和地域的分散来降低个股风险和市场风险。例如，在股票投资中，他选择科技、消费品、金融等不同领域的企业，并且在不同国家和地区进行投资，减少单一市场的波动对整个组合的影响。

债券作为稳健性投资的代表，在投资者 E 的组合中起到平衡风险的作用。债券通常被认为是低风险、稳定回报的投资工具。在经济不景气或市场波动较大时，债券的稳定性能够弥补股票市场的亏损。他通过配置政府债券和企业债券，既获取了政府债券的安全性，又利用企业债券的较高收益率来提升整体回报。不同期限和信用等级的债券组合，也使得他在不同市场环境下都能有较好的收益和风险控制。

房地产投资在多元化策略中具有重要地位。房地产作为一种实物资产，能够提供长期的资本增值和稳定的现金流。投资者 E 通过直接购买物业和间接投资房地产信托基金，实现了房地产投资的多样化。直接购买物业可以通过租金收入和物业增值获利，而房地产信托基金则可以通过分红和资本增值来获得收益。不同地区和不同类型房地产的投资，进一步减少了市场和经济波动对投资组合的影响。

商品投资，包括黄金、石油等大宗商品，提供了对抗通货膨胀和分散投资风险的功能。黄金作为传统的避险资产，在市场动荡和货币贬值时表现优异。石油等能源类商品，则在经济扩展期能够提供较好的收益。投资者 E 通过配置部分基金或交易所交易商品，在整体组合中获得了商品的避险和增值效果。

现金及现金等价物的配置，尽管收益率较低，但在投资者 E 的投资组合中起到了流动性保障的作用。足够的现金储备，能够应对突发的市场变动和个人财务需求，也是在市场大跌时进行抄底投资的备用资金。他通过配置货币市场基金、短期存款等工具，在提高流动性的同时，保持资金的安全性。

多元化投资的另一个重要方面是动态调整和风险管理。投资者 E 不仅在不同资产类别间进行分散，还根据市场环境和自身预期定期调整组合比例。在经济前景乐观时，他会增加高收益资产如股票和房地产的比例；而在市场前景不明或波动较大时，他会加大债券和现金等安全资产的配置。通过监控市场动态和评估组合表现，他能够在风险和回报之间找到平衡。

除了资产的选择和比例的调整，投资者 E 还充分利用金融工具来对冲风险和优化组合表现。期权和期货等衍生品工具可以锁定收益和控制损失，而金融工程手段如资产证券化也能提高投资组合的效率。通过广泛的资产配置和工具应用，他既获取了市场的平均回报，又有效地降低了整体风险。

综合来看，投资者 E 的多元化投资组合不仅做到了资产类别的广泛覆盖，也实现了动态的风险管理和优化。这种全面而灵活的投资策略，使得投资者 E 在不确定条件下依然能够稳健前行，为广大个体投资者提供了有益的借鉴和经验。投资者 E 的成功案例，再次证明了多元化投资作为抵御风险、提高回报的重要方法，其在具体实践中具有高度的可操作性和有效性。

六、成功投资者的共性特征与独特策略的对比分析

在探讨成功投资者的共性特征与独特策略的对比分析时，可以发现这一领域充满了丰富的内容和细微的差别。通过详细深入地挖掘这些内容，能够更好地理解在不确定的市场条件下，成功投资者是如何进行选择与决策的。

成功的投资者往往具备一些共同的特质，这些特质帮助他们在投资市场中脱颖而出。比如，成功的投资者通常具备高度的纪律性和高度的自律，他们会严格遵守自己的投资计划和策略，不轻易被市场的短期波动干扰。这种纪律性不仅体现在交易过程中，更体现在他们对时间的管理和对规则的遵循上，这使得他们能够在长时间内保持一致的表现。

成功的投资者一般都有很强的学习能力和广博的知识储备。他们不断学习，包括金融市场的新动向、宏观经济的变化、技术分析工具的使用以及新兴投资产品的研究等。通过持续的学习和积累，他们能够不断更新自己的知识结构，这使得他们在面对市场的变化时，总能找到科学合理的应对方法。

耐心和冷静是成功投资者的另外两个重要特质。在面对市场波动和不确定性时，他们能够保持冷静，不会轻易作出情绪化的决定。他们深知在投资市场中，情绪管理与决策质量息息相关。那些急于求成或感情用事的人往往容易作出错误的决策。成功的投资者则会在关键时刻表现出极大的耐心，等待最佳的投资时机。

明确的目标和策略也是成功投资者的重要特征之一。他们通常会制订详细的投资计划，包括投资目标、风险承受范围、投资组合构建以及退出策略等。明确的目标和详细的计划让他们在市场中能够有的放矢，并且在执行过程中能够有效地评估和调整自己的策略。

在具体的投资策略上，每位成功的投资者可能会展现出独特的个性和方法。这些独特策略是他们在长期实践中总结出的经验，并且根据他们个人的背景、认知和风险偏好形成不同的投资风格。

例如，有些投资者特别注重基本面分析，喜欢选择具有长期投资价值的股票或资产。他们会深入研究企业的基本面，包括财务状况、管理团队、市场竞争力以及未来发展潜力。这种策略通常需要较长的时间才能看到显著的回报，但长期投资者相信，通过深入研究和耐心等待，他们能够抓住市场的长期成长机会。

有些投资者则可能更倾向于技术分析，通过分析市场的历史价格、交易量等数据来预测未来的价格走势。这些投资者通常会使用各种技术指标和图表工具，如移动平均线、相对强弱指数以及 K 线图等。技术分析的优势在于其相对较短的时间周期内提供操作参考，但其对市场的敏感度较高，对于市场噪声的反应也较为明显。因此，这类投资者需要具备较强的分析能力和快速反应能力。

还有一些投资者喜欢选择特定的投资领域或资产类别，如黄金、房地产、能源等。这些投资者通常具备对特定领域的深刻理解，他们的投资策略建立在深厚的专业知识和行业观察的基础上。选择特定领域或资产类别的投资策略，虽然在特定市场条件下可能会有较好的表现，但也存在一定的局限性和风险集中度，因此投资者需要对所选领域有非常深刻的理解。

不同的投资哲学也是成功投资策略中的一个重要组成部分。例如，价值投资者追求在市场低估时买入，在市场高估时卖出。与其相对应的是成长型投资者，他们更关注企业的未来成长潜力，愿意以较高的价格买入快速成长的企业股票。价值投资策略通常强调安全边际和长期持有，而成长性投资策略则更加关注未来的发展和回报。

风险管理也是不同投资策略中的一个关键环节。不同的投资者对风险有不同的偏好，有些投资者倾向于高风险、高回报的投资策略，而另一些则更加保守，追求稳定的收益。这些差异使得他们在选择投资工具和配置投资组合时会有明显的不同。有些投资者喜欢通过分散投资来降低风险，将资金分散到不同的资产类别和地区。而另一些投资者则可能会集中投资于他们非常熟悉和有信心的项目，以期获得较高的回报。

因此，通过深入分析和对比这些共性特征和独特策略，可以为个体投资者提供宝贵的借鉴，帮助他们在不确定的市场环境中作出更为理性和有效的决策。

第二节　模拟投资演练与反思

一、模拟投资环境设置

在进行模拟投资演练时，为了最大限度地还原真实的投资情境，设置一个合理且全面的模拟投资环境是必不可少的一步。这一环境的构建不仅要考虑市场的基本要素，还需对所有可能影响投资决策的因素进行全方位模拟，以确保参与者能够在接近现实的情境中磨炼技能和策略。

在构建模拟投资环境时，第一个关键要素是市场的基础数据。在时间周期方面，模拟投资应涵盖短期、中期和长期的不同周期，不同的周期对投资的策略、风险管理以及收益预期都有不同的要求。短期投资可能需要更多地关注市场的动态变化和技术分析，而长期投资则更倾向于基本面分析和宏观经济走势。因此，在模拟环境中，提供多种时间跨度的数据，可以使参与者体验到不同周期下的投资决策过程。

市场行情数据的设定是模拟环境必不可少的部分，包括股票、债券、基金和衍生品等多种投资产品的数据。这些数据应包括历史价格、交易量、市盈率、市净率等基本指标，帮助参与者进行技术分析。此外，还需要提供各类财务报告和经济数据，包括企业的财务状况、盈利预期、宏观经济指标如 GDP 增长率、失业率、通货膨胀等。在此基础上，模拟环境还需定期发布各类新闻公告，如企业的并购消息、重要政策变动、自然灾害等，这些都可能对市场行情产生重大影响。

宏观经济环境的设置是模拟投资环境的一个重要方面。模拟环境应包括不同的经济周期，如经济扩张、衰退、复苏等，这些不同的经济阶段对投资市场的影响显著。模拟环境中的通货膨胀率、利率水平、汇率以及国际贸易状况都应有所体现，这些因素对市场的影响不容忽视。此外，不同国家和地区的宏观经济环境也应有所体现，模拟环境可以包括多个国家和地区的数据，帮助参与者了解不同经济体之间的相互联系及其对全球市场的综合影响。

模拟投资环境还应设置不同的市场类型和制度安排。主要市场如股票市场、债券市场、外汇市场、商品市场以及衍生品市场等都应包含在内，不同市场之间有着复杂的联动关系，参与者需要在模拟环境中深入了解各种市场机制。不同地区的市场制度也需模仿，如美国、欧洲和亚洲市场的交易规则、税收政策、监管体系的差异。这些差异可能对投资决策产生重大影响，如资本流动性、交易成本、税务影响等，参与者在模拟环境中需要充分体会这些机制在实际操作中的重要性。

为增强真实感，模拟投资环境应考虑市场心理和行为金融的因素。投资者的行为往往受到情绪和心理的影响，如市场恐慌、乐观情绪、从众效应等，模拟环境应适当地设定一些市场波动和突发事件，使参与者在面对市场情绪波动时进行更为沉着冷静的决策。此外，模拟环境中还可以引入行为金融学的理论，如偏好反应、过度自信等，通过这些设定可以帮助参与者了解和克服常见的投资心理误区。

模拟投资环境中的技术工具和交易平台也是不可忽视的一环。在现代金融市场中，技术分析工具、交易软件、算法交易等技术手段已经成为投资者的重要辅助工具。模拟环境应配备先进的交易平台，提供实时行情、模拟下单、风险管理工具、策略回测功能等，使参与者能够在接近真实的技术条件下进行操作。此外，模拟环境还需提供教育资源，如投资知识库、策略研讨会、专家咨询等，帮助参与者不断提高自身的知识水平和投资技巧。

为了让模拟投资环境更加贴近实际，可以引入竞争机制和绩效评价体系。模拟环境可以内部设置模拟基金、模拟比赛等，参与者之间可以进行收益率、风险控制等多方面的比较和竞争，这样可以激发参与者的积极性，同时也可以检验不同投资策略的有效性。此外，绩效评价体系可以通过多种指标对参与者的投资表现进行评估，如夏普比率、回撤率、风险调整收益等，从多个维度提供公开透明的反馈，帮助参与者发现自身不足并加以改进。

在模拟投资演练的过程中，反思和总结是提升投资决策能力的重要环节。模拟环境应设置定期总结和回顾的机制，参与者可以通过总结每一阶段的投资表现、分析决策失误原因、评估市场判断的准确性等方式，逐步提高自己的投资水平。同时，可以通过互动交流的方式，借鉴他人的成功经验和失败教训，形成全方位的认知和改进体系。

二、投资决策过程记录

在进行模拟投资演练时，记录投资决策过程是不可或缺的环节。这个记录不仅是为了跟踪投资操作的每一步，更是为了在事后能够反思和分析决策的合理性与有效性，从中提炼出宝贵的经验和教训。对投资决策过程的详细记录包括但不限于以下几个关键方面，这些方面的记录不仅有助于提高决策的透明度，还能帮助个体投资者在未来的投资中作出更加理性和科学的选择。

第一，投资目标的确立。任何投资行为都应始于明确的目标，如某个投资者希望在未来五年内实现资本的稳定增值，这样的目标需要在记录中清晰地陈述。具体的目标要量化，这样才能在后续的投资过程中有明确的参照。目标可能是年化回报率、风险控制范围、投资周期等。这些设定的目标在整个投资过程中都起到指导作用，同时也是决策有效性的评估标准。

第二，市场研究和信息收集的记录。在作出任何投资决策前，必须进行充分的市场调研和信息收集。这些数据和信息可以来源于行业报告、企业财报、宏观经济指标等。记录中要明确具体的调研方法、数据来源、时间范围等。通过详细的市场分析，了解所处市场的基本面情况，包括市场趋势、政策环境、经济周期等。这一部分的记录不仅有助于形成一个完整的市场判断，也能够为以后的决策提供历史数据的参考。

第三，投资策略的制定。在目标和市场信息明确后，投资策略的制定就显得尤为重要。这部分记录需要详细描述投资策略的选择过程，如资产配置的比例、投资标的的选择，买入和卖出的标准等。策略制定过程中通常需要借助模型和理论，记录投资模型的假设条件、计算方法和应用情况。而且，策略的制定还应考虑到可能的市场变化和应急措施，包括止损机制和调整计划。这些策略的拟定和调整必须在记录中详细体现，避免在实际操作中迷失方向。

第四，投资决策的执行记录。按照既定的策略，具体的操作步骤和每一笔交易细节都应完整记录。例如，具体的买入和卖出时点、价格、数量等，这些数据不仅是后续分析的基础，也是核算投资回报的重要依据。在记录中强调执行纪律非常重要，因为严格按照策略执行能够在一定程度上规避人性弱点造成的投资偏差。对于每一次执行决策，都需要简单说明背景和动机，以及是否完全遵循了既定策略。

第五，投资决策的定期评估。在投资期间，定期评估和总结非常重要。通过每季度或每年的业绩总结来评估投资策略的有效性，记录中要包括实际收益情况、与目标的差距、策略执行的完备程度等。此外，分析市场变化对投资组合的影响，考虑是否需要对现有策略进行调整。在评估过程中，量化分析和定性分析相结合，多角度分析投资效果和市场变化的吻合度。这个评估过程记录的详细程度将直接影响到下一步的策略调整和决策优化。

第六，突发事件和临时决策的记录。市场瞬息万变，在突发事件面前，临时作出的决策同样需要记录。这包括当市场出现重大波动时的应急处理措施和结果。在记录中，明确事件发生的时间、市场的反应、自身的应对策略和最终的结果，这对事后复盘和经验总结具有重要意义。

第七，投资反思和总结。在每一阶段的投资结束后，必须进行深刻的反思和总结。记录下成功的经验和失败的教训，特别是偏离目标或策略的行为及其原因。这部分记录需要用事实和数据说话，尽量客观、公正，为后续投资提供建设性的指导。通过总结找到自身决策中的优势和劣势，识别出潜在的改进方向，同时也明确需要继续保持和发扬的成功因素。

三、投资结果分析与总结

投资结果分析与总结有助于投资者认识到其投资策略的优势与不足，并在未来的投资行动中加以改进。进行投资结果分析，首先需要明确分析的对象与指标，包括投资组合的收益率、风险水平、投资标的的表现、市场环境的影响等。同时，还需结合投资者的个人目标与偏好，对投资决策的有效性进行全面评估。

在进行投资结果分析时，应详细解读投资组合的收益表现。一方面，通过对投资期间的收益率进行量化分析，投资者可以明确实际获得的回报是否达到了预期目标。收益率的计算不仅要考虑简单位的时点收益，还需结合不同时间段、不同市场条件下的表现进行全面分析，以得出综合的收益情况。通过对比预期收益与实际收益，可以衡量投资策略的准确性与有效性，进而为未来的资产配置提供指导。

另一个重要的指标是风险水平的评估，风险不仅涉及价格波动带来的不确定性，还包括诸如信用风险、市场流动性风险等多种因素。在对投资结果进行风险分析时，投资者需使用如标准差、夏普比率等量化工具，评估风险与收益的匹配程度。标准差可以量化投资组合回报的波动性，而夏普比率能够有效衡量在承受某一风险水平上的超额收益情况。此外，投资者还应关注尾部风险，即极端市场条件下可能出现的重大损失，通过频率与严重程度的分析，评估暴露在极端情况下的潜在影响。

投资标的的表现也需要被详细分析。这不仅包括个体资产在市场中的表现，还需结合大类资产之间的联动与相关性进行综合评估。对股票、债券、房地产等不同资产类别的表现进行比较分析，可以为投资者提供更全面的视野，评估每类资产在不同市场环境下的表现特征。通过剖析标的的具体表现，投资者可以梳理出更清晰的盈利来源与损失原因，从中发现可能的系统性风险以及潜在的投资机会。

对市场环境进行回顾和分析是非常必要的一步。市场环境分析包括宏观经济环境、政策变化、市场情绪等多方面因素，这些都会对投资结果产生显著影响。通过回顾投资期间重大事件的发生，以及这些事件对市场走势的影响，投资者可以更好地理解投资结果的形成原因。例如，某一时期的高收益可能源于宏观经济的强劲增长，而非仅仅是个体选股策略的成功；同样，某一阶段的亏损也可能是因为市场情绪过度悲观，而不是投资组合本身的问题。深入分析市场环境变化，可以为投资者提供更好的背景信息与前瞻性判断。

个人目标因人而异，有些投资者追求高回报，有些更注重稳定的现金流，有些则希望通过投资实现长期财富积累。因此，投资结果的分析必须结合个人目标，将投资结果与个人目标进行对照，看其是否达到了预期效果。例如，如果一个投资者的主要目标是获得稳定的现金流收入，那么他应更多关注投资组合的定期收入和收益的稳定性，而不仅仅是资本增值。如果结果表明投资组合波动性过大，实际收益不稳定，则可能需要调整策略，选择更为稳健的投资品种。

除定量分析外，定性反思同样不可忽视。投资者需要反思自己的决策过程、信息来源、情感因素及外部情况的综合影响，以此从经验中学习并积累教训。例如，某一错误决策是由于信息不对称、市场情绪波动还是自我情绪控制不佳，通过深入反思，可以找到改进的方法。此类定性分析能够提供更细腻的视角，使得定量分析中的数据更加富有实用价值。

在总结投资结果分析时，必须考虑现实中的不确定性。投资是一项充满不确定性的活动，即使再好的策略也可能会遭遇意外的市场波动。因此，在进行投资结果分析时，应注重适应性与灵活性的评估。策略和投资组合应具有一定的抗逆性，能够在不同市场情境下保持相对的收益与可控的风险水平。未来的投资策略应建立在对不确定性的充分认识和准备上，这样才能在不断变化的市场环境中实现长期稳定的收益。

通过对投资结果的全面分析与深刻总结，个体投资者不仅可以更加清晰地了解自己过去的投资行为，还可以积累更多的市场经验和决策智慧。这种反思和总结的过程，是每一个投资者成长过程中不可或缺的环节，只有通过不断的学习和改进，才能在充满不确定性的投资市场中立于不败之地。

四、风险与收益的平衡

在进行投资选择和决策时，风险与收益的平衡始终是一个关键而复杂的问题。任何投资行为本质上都是在面临各种不确定性的情况下进行的，其中最核心的两个维度就是风险和收益。理解这两个维度并能在其间找到适当的平衡点，是投资者获得成功的关键。

风险和收益是投资的两大基本要素，但它们并不是独立存在的，而是高度相关的。高收益往往伴随着高风险，而低风险则通常意味着低收益。投资者在作出投资决策时，必须综合考虑这两方面的因素，以确保其投资组合既能带来满意的回报，又能在可接受的范围内控制住潜在的损失。

理解风险的第一步是了解风险的来源。投资中的风险可以来源于多种因素，如市场风险、信用风险、流动性风险和操作风险等。市场风险是由于市场价格波动造成的，如股票价格、利率、汇率等变化可能会导致投资价值波动；信用风险则是借款方无法履行还款义务所带来的，常见于债券投资中；流动性风险指的是在需要变现的时候，无法找到买家的情况，导致无法按预期价格卖出资产；操作风险则来源于人为错误或系统故障。每种风险都有其独有的特征和影响方式，需要投资者具体情况具体分析。

在衡量风险时，常用的方式有方差和标准差、贝塔系数、在险价值等。方差和标准差是统计学中的常见概念，表示收益率的波动幅度，标准差越大，代表风险越高；贝塔系数反映的是个股相对于整个市场的波动性，比如某股票的贝塔系数为 1.5，意味着该股票的波动性是市场的 1.5 倍；在险价值则是金融领域常用的风险评估方法，通过历史数据估算在特定概率和时间范围内，投资组合可能发生的最大损失。

相较于风险，收益是投资者最为关注的目标之一。收益通常以绝对收益和相对收益两种形式呈现。绝对收益是指投资带来的实际利润，具体表现为资本增值、股利、利息等，而相对收益则是将投资收益与基准或其他投资的收益相比较。在考虑收益时，应明确预期收益率与实现收益率的差距，这意味着不能仅凭历史数据或市场趋势而忽视实际操作中的变数。

在制定投资策略时，投资者需要根据个人的风险偏好和收益需求来选择适合的投资组合。分散投资是一种常见的方法，通过将资金分散到不同的资产类型和市场，以降低单一资产或市场波动带来的损失。合理配置资产也是关键，传统的资产配置方法包括60/40策略，即将60%的资金投入股市，40%的资金投入债市，以较为稳定的债券收益来平衡股票市场的波动性；也可以采用动态资产配置策略，根据市场情况和个人需求调整资产比例。

在具体的操作步骤中，投资者可以通过模拟投资演练来实践风险与收益平衡的策略。首先，在纸面或虚拟交易平台上模拟构建一个投资组合，选择一些具有代表性的资产，包括股票、债券、货币市场工具、房地产信托基金等。其次，根据市场情况和个人的投资目标，设定每种资产在组合中的权重。最后，通过日常监控这些资产的表现，及时进行调整，以确保整个投资组合在风险可控的情况下实现预期收益。

这种模拟训练有助于投资者积累经验，了解不同市场情况下如何动态调整投资组合，实现最优风险与收益的平衡。在进行反思时，投资者可以记录每次决策的依据、过程和结果，分析其中的得失，通过不断总结经验、优化策略，提升实际操作中的投资决策水平。

五、策略调整与优化建议

无论是经历了市场波动、经济变迁，还是在面对个体财务状况变化时，投资策略的灵活调整和不断优化都直接决定了投资者能否实现预期的财务目标和风险管理。通过模拟投资演练，投资者可以在无实际资金风险的前提下，充分检验和调适自己的投资策略。这不仅能提升实际操作中的自信和熟练度，更能帮助识别和避免潜在的问题。

策略调整和优化的核心在于对市场环境、个人投资目标以及风险承受能力的深刻理解与反应。投资者首先需要建立一个稳健的投资策略，这个策略应基于对市场的全面分析，包括宏观经济状况、行业趋势、企业基本面等。此外，风险承受能力的评估也至关重要。通过量化和定性的方法，投资者可以明确自身的风险容忍度，并在此基础上制定风险控制措施，如分散投资、设置止损点等。

市场环境的变化是策略调整的重要驱动因素。随着宏观经济的摇摆不定，政策的调整，市场的不确定性增加，投资者需要及时回应这些外部变化。通过定期的市场分析和策略评估，投资者能够及时发现策略中的不足之处。例如，在经济下滑时期，某些行业的盈利能力会受到严重影响，传统的行业集中投资策略可能需要调整，以更好地控制风险。此时，投资者可以考虑增加防御性资产，如国债、黄金等低风险、高稳定性的资产的比重。

个体投资目标的变迁也是需要调整策略的重要原因。随着人生不同阶段的到来，投资者的财务目标和需求会发生变化，如从青年时积累财富到中年时的实现稳健增长，再到退休后的保值增值，人生不同阶段对收益目标和风险容忍度的要求各不相同。

在实际的投资过程中，一次成功的策略并不意味着可以一劳永逸地适用，市场的不可预知性和个人境况的改变都会影响到其成效。因此，定期的策略回顾和调整是必需的。通过对历史数据的分析，投资者可以了解哪些策略在不同的市场阶段表现优异，哪些则可能面临挑战。回溯是一种有效的方法，可以帮助投资者评估策略在不同市场条件下的表现。当发现策略的实际效果与预期差距较大时，需要及时进行调整。例如，一个在牛市中表现优异的股票投资策略，在熊市中可能会面临极高风险，投资者在这种情况下应调整股票持仓比例或引入避险工具。

优化投资策略需要不断地学习和叠加新的知识与技能。科技的进步给予了投资者丰富的工具和平台，如智能投资顾问、大数据分析和算法交易等。这些前沿技术能帮助投资者更高效地分析市场、捕捉投资机会、优化投资组合。通过运用这些工具，投资者能够更精准地把控市场动态，更灵活地调整投资策略。例如，大数据分析可以帮助发现市场中的潜在趋势和风险点，智能投资顾问则能根据个人的风险偏好和投资目标提供个性化的投资建议。

在优化过程中，投资者需要保持一种学习的心态，积极吸收新的知识和方法，持续关注市场的变化和发展的趋势。多元化的知识背景可以帮助投资者从多个角度理解市场及其运作。例如，通过学习基本面分析、技术面分析、行为金融学等不同的投资理论，投资者能够建立起更为全面的知识体系，从而在面对复杂市场环境时，有更多的工具和方法进行应对和调整。

情绪管理在策略调整中的作用也不容忽视。市场的波动常常带来情绪上的起伏，而良好的情绪管理能帮助投资者在面对大幅波动和突发事件时保持冷静与理性。通过制定应对措施和纪律性操作，可以避免在情绪作用下作出冲动和非理性的决策。设立止损策略、资金分批买入或者卖出的技巧，都可以帮助减缓情绪冲击对投资决策的影响。

通过模拟投资演练，投资者可以在安全的环境中不断试验和优化策略，识别出策略中的漏洞和不足之处，并及时修正。模拟环境中无资金风险但却能提供真实市场数据，从而为投资者提供一个绝佳的练习场。通过反复演练，投资者不仅能够提高实战能力，还能建立良好的投资心态，为实际投资做好充分准备。

第三节　投资计划书的撰写与评估

一、投资目标与预期收益设定

在撰写投资计划书时，投资目标与预期收益是两个至关重要的要素。它们不仅为投资者提供了清晰的行动方向，也为评估投资行为的成效提供了基准。合理地设定投资目标与预期收益，可以帮助个体投资者在不确定的市场环境中保持理性和纪律性，从而优化投资决策。

投资目标是投资者在一定时间范围内希望实现的具体成果。投资目标具有多样性，通常以数量化的形式表现出来，如实现一定比例的收益率、达到特定金额的资产积累、为了某个明确的财务需求如购房或子女教育等进行投资等。设定合理的投资目标需要充分考虑个人的财务状况、风险承受能力、投资期限和市场环境等诸多因素。制定具体的投资目标有助于投资者明确方向，避免盲目投资，并在实施过程中方便进行进度追踪与调整。

在设定投资目标时，SMART 原则是一个常用的工具。具体来说，目标应该是具体的（Specific）、可衡量的（Measurable）、可实现的（Achievable）、相关的（Relevant）和有时限的（Time-bound）。一个具体的目标能够更清晰地描述投资者所追求的结果，如“在未来 5 年内，实现年均收益率不低于 8%”。可衡量的目标便于在投资期间对业绩进行跟踪和评估。可实现的目标要求投资者在设定目标时基于现实的市场情况和自身能力，而不是盲目追求高收益。相关性则强调目标应与投资者的整体财务规划和个人生活需求密切相关。时限性有助于设定一个明确的时间框架，使投资者能够进行阶段性的检视与调整。

预期收益是指投资者在制订投资计划时对未来收益的合理估计。预期收益应当建立在充分的市场分析与数据支持基础之上，包括历史收益率、经济前景、行业发展趋势等方面的信息。预期收益的设定不仅要考虑到市场的潜在收益水平，还需要综合考虑个体投资者的风险偏好。高风险的投资通常预期收益也较高，但其波动性较大，相应的亏损风险也不可忽视。反之，低风险投资的预期收益较为稳定，但可能较低。在投资收益预期的设定上，应该避免过于乐观或悲观，以确保投资计划的可操作性和科学性。

在阐述预期收益时，还需考虑复利效应对长期投资收益的影响。复利是指将每一时期取得的收益再次投入所产生的额外收益，这一效应在长期投资中尤为明显。因此，在设定预期收益时，应考虑复利对增长的推动作用。例如，若年均预期收益率为 8%，在复利效应下，该收益率在长期投资中将产生显著的积累效应，使得终值相对于单利计算方式显著增加。

市场环境的不断变化也对预期收益产生深远影响。不确定性因素如经济周期波动、政策变动、市场竞争加剧或技术变革等，都可能对投资收益带来不可忽视的波动。因此，在设定预期收益时，不仅要考量当前市场条件，还应预见到可能的市场变化并对其进行评估。通过情景分析，投资者可以在不同的市场情景中设定合理的预期收益范围，进而在实际投资过程中进行灵活应对。

为了更有效地实现投资目标和预期收益，加强风险管理措施也是不可忽视的一环。合理的资产配置、分散投资、定期调整投资组合等策略，能够在追求收益的同时，有效降低风险。多样化的投资组合不仅能够平衡不同资产类别的波动性，还能在不同市场环境中提升收益的稳定性。定期对投资组合进行检视和调整，及时捕捉市场机遇和规避潜在风险，也是实现预期收益的重要手段。

在评估预期收益时，还需结合市场基准来进行对比分析。市场基准通常是指某一特定市场或行业的平均收益水平。通过与市场基准的对比，投资者可以更客观地评估自身投资计划的科学性与合理性。例如，如果某一阶段的投资收益显著低于市场基准，可能需要重新评估投资策略和调整投资组合，以提升市场适应能力和收益水平。

二、市场研究与趋势分析

市场研究与趋势分析是撰写投资计划书的基础，也是保障投资决策科学性和前瞻性的关键步骤。市场研究与趋势分析不仅能够帮助投资者识别潜在的投资机会，还能预见未来市场的发展方向。这一过程涉及广泛的信息收集与分析，包括宏观经济环境、行业动态、竞争态势、消费者偏好以及技术发展等多个方面。

市场研究可以从宏观经济环境入手，了解经济周期、政策走向、利率变化、汇率波动等因素对市场的影响。在宏观环境下，经济景气程度直接影响企业的盈利能力和市场需求。经济增长时，企业普遍表现良好，投资机会丰富；反之，经济衰退时，市场风险增加，需要更加谨慎。政策导向则可以通过税收政策、货币政策，以及其他政府干预手段对市场产生影响。例如，扩张性的货币政策可能会减少企业的融资成本，促进经济活动，这时投资者可以把重点放在受益于低利率环境的行业和公司。另外，紧缩政策可能会提高融资成本，降低企业盈利，需要评估投资风险。

行业动态分析是市场研究的另一重要方面。不同的行业受经济周期和政策变化的影响程度各不相同。通过深入研究某一行业的发展现状、供需关系、成长潜力以及面临的挑战，能够更精准地把握投资机会。例如，在技术进步快的行业中，新兴技术带来的革新可能导致产业重新洗牌。以信息技术产业为例，人工智能的崛起、5G 技术的推广都可能带来巨大的投资机会。同时，要关注市场饱和度、进入壁垒、行业增长率等指标。这些因素决定了行业的投资价值和风险水平。

竞争态势分析是市场研究中不可忽视的环节。在投资某个企业或项目之前，必须充分了解其在市场中的竞争地位。采用波特五力模型分析市场的竞争环境，评估现有竞争对手、潜在进入者、替代品威胁、卖方议价能力和买方议价能力，将有助于全面了解市场竞争格局。例如，某企业在行业中是否具有竞争优势、核心技术、品牌影响力和市场份额，这些都是决定其未来发展潜力的重要因素。竞争态势分析还有助于识别市场中可能的整合和收购机会，判断企业是否有可能通过扩张和并购提升市场地位。

消费者偏好和行为的变化是市场研究中不可或缺的部分。消费者需求的变化往往是市场趋势的主要驱动力。因此，通过调查和分析消费者的购买习惯、偏好变化、消费心理以及购买力水平，可以预判市场需求的变化。例如，近年来环保意识的增强和对健康产品需求的增加，推动了绿色环保产品和健康产业的快速发展。投资者可以通过对消费者行为的洞察，提前布局具有增长潜力的领域。此外，消费者的流行趋势和文化潮流也会对市场产生深远影响。

技术发展的研究则是全面把握市场趋势的重要内容之一。技术创新不仅能够催生新的产业和市场，更能够驱动现有产业的变革与升级。例如，互联网技术、大数据、人工智能、区块链等新兴技术，正在深刻改变金融、医疗、教育、制造等多个传统行业。投资者需要紧跟技术前沿动态，捕捉科技进步带来的新机会。这不仅包括技术本身的发展，还包括技术在不同行业的应用和拓展。

在进行市场研究的过程中，数据的收集和分析是核心环节。可靠、全面的数据是科学决策的基础。数据来源可以包括政府统计数据、行业报告、市场调研、公司财报、新闻报道等多方面。通过对大量数据的系统化分析，能够发现市场的深层趋势和潜在机会。定量分析和定性分析相结合，可以从多个维度评价市场形势，提高投资决策的准确性。

在市场研究与趋势分析的基础上，还需要对市场前景进行合理预测。市场预测涉及对未来一段时间内市场需求、供给、价格、竞争态势等因素的预估。这需要运用多种预测模型和工具，如时间序列分析、回归分析、情景规划、德尔菲法等，来提高预测的准确性和科学性。在预测过程中，还要考虑市场的不确定性和风险，制定多种可能的市场发展情景，提供不同的应对措施。

三、投资标的选择

投资标的选择是投资过程中的核心环节之一。在不确定条件下，个体投资者必须要具备全面的分析能力和判断能力，这样才能在众多标的中挑选出具备最佳收益—风险比的投资对象。投资标的选择的主要目的是在确保风险可控的前提下，获得最大化的投资收益。下面将详细阐述投资标的选择的关键要素和方法，并重点解析相关概念和信息，以帮助读者深入理解这一主题。

在投资标的选择过程中，个体投资者需要首先识别自身的风险偏好与投资目标。风险偏好是指投资者能够承受风险的能力和意愿，而投资目标则包括短期收益、长期资本增值、现金流需求等具体的财务目标。明确风险偏好和投资目标有助于投资者在选择投资标的时更加具有针对性与目的性。例如，若投资者风险偏好较低，更倾向于选择低风险、稳定收益的债券或存款产品；若投资者风险承受能力较强，且目标是实现长期资本增值，则可能更青睐于高风险、高收益的股票或基金。

在确定风险偏好与投资目标后，投资者应进行宏观经济环境的分析。通过对全球和区域性的经济形势、政治局势、政策导向、市场趋势等因素的分析，投资者可以更好地判断不同行业或资产类别的前景。例如，在经济增长期，消费品、科技和周期性行业通常表现较好；而在经济衰退期，公用事业、必需消费品和防御性行业则更具吸引力。此外，利率环境、通胀率、货币政策、财政政策等宏观经济变量也是投资标的选择过程中需要重点关注的因素，这些变量直接影响着各类资产的定价和走势。

行业分析是投资标的选择的另一个关键环节。不同的行业具有不同的生命周期和成长潜力，个体投资者需要对目标行业的市场规模、竞争格局、技术发展、法规政策、供需关系等方面进行详细研究。通过这种研究，投资者能够识别出具备长期增长潜力、竞争优势明显的行业。尤其是在不确定条件下，选择那些具有“护城河”、技术壁垒较高、市场份额领先的行业，能够在一定程度上降低投资风险，提高投资回报的稳定性。

明确了行业方向后，进入具体投资标的的选择阶段。这一阶段需要对潜在标的进行深入的基本面分析和价值评估。基本面分析不仅包括对企业财务报表的解读，也需关注企业的管理层背景与治理结构、业务模式与核心竞争力、市场定位与产品线布局，以及未来的战略规划与前景预期。这些因素共同构建了一个企业的基本面状况，决定了企业的实际价值和投资潜力。

价值评估是投资选择中不可或缺的一环。每一种估值方法都有其适用的场景和局限性，投资者需根据具体情况灵活应用。例如，市盈率用于评估盈利稳定的成熟企业较为合适，而对成长型企业或初创企业则更适合使用现金流折现模型。此外，还需关注行业平均估值水平以及历史估值水平，通过横向、纵向对比，确定目标企业的相对估值。

风险管理是投资标的选择过程中的最后一道防线。在不确定条件下，市场波动性加大，个体投资者需要特别注重多样化和分散投资。通过投资于不同资产类别、行业和地理区域，降低单一标的对投资组合的负面影响。此外，合理的仓位管理、设置止损止盈点，有助于控制潜在损失。在选择具体标的之前，进行情景分析和压力测试，评估在极端市场条件下标的表现，也是一种有效的风险管理手段。

在以上各步骤的基础上，投资标的选择还需关注实时的市场信息和动态。由于行业环境、企业基本面和市场情绪都可能随时变化，个体投资者应保持灵活应变的策略，及时调整投资组合。通过不断跟踪目标标的的基本面变化，定期进行持仓评估，可以在动态市场中更精准地捕捉投资机会和规避风险。

四、风险管理方案撰写

在投资计划书的撰写与评估过程中，风险管理方案是一个至关重要的组成部分。它不仅影响投资计划的实际执行效果，还直接关系到投资者的资金安全和投资目标的实现。在个体投资者视角下，更加需要关注和重视风险管理，因为个体投资者通常无法像机构投资者那样分散和规避风险，且往往资金规模较小、抗风险能力较弱。因此，在撰写风险管理方案时，需要全面而深入地考虑多个方面，以确保投资的稳健性和可持续性。

风险识别是风险管理的第一步，也是最重要的一步。个体投资者首先需要明确各种可能影响其投资的风险种类，包括市场风险、信用风险、流动性风险、操作风险、法律风险等。通过全面的风险识别，个体投资者可以了解到潜在的各种风险，为后续的风险评估和管理奠定基础。

在风险识别的基础上，需要进行风险评估。风险评估主要包括两个方面：一是评估风险发生的概率，二是评估风险发生后可能造成的损失。通过风险评估，能够帮助个体投资者量化每种风险的潜在影响，从而优先关注那些概率较高、影响较大的风险。进行全面、科学的风险评估，有助于个体投资者全面了解投资所面临的风险，并为制定相应的风险应对措施提供依据。

风险应对是风险管理的核心环节，个体投资者需要根据风险评估的结果，制定相应的应对策略和措施。在选择风险应对策略时，需要综合考虑风险的种类、程度、投资者的风险承受能力等因素。

风险监控与调整是风险管理的重要环节。由于市场环境和投资项目的不断变化，原有的风险识别、评估和应对策略可能会失效或需要调整。因此，个体投资者需要建立风险监控机制，定期对投资计划的执行情况、外部市场环境变化、内部运营状况等进行监测，及时发现潜在风险，并根据新的情况和信息对原有的风险管理措施进行调整。例如，定期对投资组合进行重新评估，确定是否需要调整资产配置；根据市场走势变化，及时调整止损点；根据自身财务状况变化，调整投资策略和风险承受能力。

五、资金分配与管理

在投资过程中，资金分配与管理是实现风险控制、收益最大化以及长期稳健增长的关键环节之一。尤其是在不确定性较高的市场环境中，如何合理地分配和管理资金对于个体投资者尤为重要。从资产类别的配置到具体投资产品的选择，再到现金流管理与风险对冲，资金分配与管理的每一个步骤都需要精心设计和执行。

资金分配的第一步是确定投资组合的总体资产配置策略。该策略需要综合考虑投资者的风险承受能力、投资目标、投资期限和市场条件等多方面因素。在一般情况下，资产配置主要涉及股票、债券、房地产、大宗商品、现金及现金等价物等几大类资产。对风险偏好较高的投资者，或在市场状况良好的情况下，可以适当增加股票等高收益风险资产的比重。而对于偏好稳定收益、风险规避型的投资者，或在市场不确定性较大的时候，应该适当增加债券、现金等低风险资产的比重。

在确定大类资产配置之后，需要进一步细化到具体的投资产品。当选择具体的股票时，应当综合考量企业的基本面、市场趋势、行业前景、财务状况及估值水平等多重因素。在债券投资中，除去考察债券的信用评级、到期收益率，还应关注宏观经济走势和利率变化对债券价格的影响。对于房地产投资，地段选择、市场供需关系以及政策变化是影响投资结果的关键要素。对于大宗商品，需密切关注全球供需格局、地缘政治因素、汇率波动以及相关替代品的价格变化。而对于现金及现金等价物的管理，则应考虑流动性、收益率和安全性等因素，力求在保持流动性的前提下，获取适当的收益。

资金管理的另一个重要方面是动态调整。市场环境瞬息万变，投资者需要根据市场行情和自身需求，定期对投资组合进行评估和调整。动态调整不仅仅是根据市场涨跌增减资产的配置比例，更需要根据最新的市场资讯、企业发展动态、宏观经济政策等信息，重新评估自身投资组合，以保持其风险收益水平和稳定性。例如，当市场出现大幅波动时，可能需要将部分高风险资产转换为低风险资产以规避市场风险，或在市场回调时增加对优质资产的配置以捕捉投资机会。

另一个不可忽视的方面是风险管理。投资过程中必然存在各类风险，风险管理的核心在于识别、评估以及应对各种潜在风险。较为常见的风险管理方法有分散投资、设置止损点、使用对冲工具以及持有现金等。

资金分配与管理的另一个重要内容是现金流的管理。个体投资者在安排资产配置的同时，还需要根据生活和投资需求，合理计划并管理现金流。充足的现金流不仅能确保在急需用钱时不至于陷入困境，还能在投资机会出现时迅速出手。合理的现金流管理要求投资者在配置资产时，将一部分资金留作紧急备用金，并确保这部分资金能够较快变现。与此同时，利用多余的现金流投资于短期理财产品，以提升综合收益水平。

长期投资目标的实现需要系统、严格的投资计划和持续的资金管理。个体投资者需要不断学习和提高自己的金融知识，理解并应用现代投资理论和方法，从而在错综复杂的市场环境中找准投资方向，作出正确的投资决策。在进行资金分配与管理时，不仅要考虑当前市场的实际情况和自身的资金状况，还需要有所预见，超前布局，以应对未来可能的市场变化和风险。

六、投资绩效评估

对于个体投资者而言，通过科学、系统的绩效评估，不仅可以全面了解自身投资行为的有效性和合理性，还能够及时发现存在的问题并进行调整，从而提高未来的投资收益水平。在这一过程中，深入理解并掌握投资绩效评估的概念、方法和衡量指标，是每一位投资者都应具备的基本能力。

投资绩效评估首先要明确评估的对象及其范围，这包括单个投资项目的绩效评估，也可能涉及整个投资组合的表现。对于个体投资者，由于资源和精力的限制，通常更为关注整体组合的表现。投资组合的绩效评估不仅关注整体收益率，更要深入分析风险调整后的收益，即在考虑到投资风险的前提下，评估投资收益的有效性。

投资绩效评估主要包括以下几个关键指标：绝对回报、相对回报、风险指标和风险调整后的收益。

绝对回报是指某一投资组合在特定期间内所获得的总收益，包括价格变动的收益和分红、利息等收入。这一指标能够直接反映投资的盈利情况，但无法反映风险和市场环境的影响。

相对回报则是将某一投资组合的回报与基准指数进行比较，以衡量其相对表现。如果某一投资组合的回报高于基准指数，则说明其表现优于市场；反之，则说明其表现较差。

风险指标在投资绩效评估中同样不可或缺，衡量投资组合风险的常用指标包括标准差、贝塔系数和最大回撤等。标准差反映了投资组合收益率的波动程度，波动性越大，投资风险也越高。贝塔系数则衡量了投资组合相对于市场的风险敏感度，贝塔系数为 1 说明投资组合的波动性与市场一致，贝塔系数大于 1 则说明投资组合波动性大于市场，小于 1 则小于市场。最大回撤则是评估投资组合在特定期间内从最高点到最低点的最大亏损幅度，以了解其在极端市场环境下的表现。

风险调整后的收益是投资绩效评估的核心内容。常用的衡量指标包括夏普比率、特雷诺比率和约翰逊指数等。夏普比率将投资组合的超额收益与其标准差相除，以衡量每单位风险所获得的收益，数值越高，说明投资组合的风险调整收益越好。特雷诺比率则是将超额收益除贝塔系数，以反映市场系统性风险调整后的收益情况。约翰逊指数则衡量投资组合超出按资本资产定价模型预测收益的额外收益，是评估基金经理管理能力的重要指标。

在投资绩效评估的过程中，数据的准确性和完整性至关重要。评估前需要收集全面的历史数据，包括投资组合的交易记录、收益情况和市场基准数据等。此外，评估期间的选择也需谨慎，不同的评估期间可能会对结果产生显著影响。长期的投资绩效评估能更好地反映投资策略的稳定性和有效性，而短期评估则可能受到市场波动的干扰。

投资绩效评估不仅是对过去投资行为的总结，更是为未来决策提供科学依据的重要途径。在评估过程中，个体投资者应当关注投资策略的执行情况，分析其优缺点，找出可以改进的环节。对于表现不佳的投资组合，应及时调整投资策略，避免无效或低效的投资行为。通过不断的评估与调整，投资者才能在不确定的市场环境中，逐步优化投资组合，提升长期投资回报。

投资绩效评估还应与投资目标紧密结合。个体投资者的投资目标多种多样，有的追求长期资本增值，有的关注稳定的现金流入，还有的希望在特定时期实现特定收益。不同的投资目标需要不同的评估标准和策略。在评估过程中，不仅要考虑收益和风险，更要对照投资目标，看是否实现预期的收益和风险水平，以及在实现目标过程中的潜在问题。

在实际操作中，个体投资者还可以运用多种绩效评估工具和软件，这些工具能够提供更为细致和科学的分析，为投资决策提供有力支持。投资者可以借助这些工具，生成详细的评估报告，分析投资组合的各项指标，预测市场趋势和潜在风险，从而制定更为科学的投资策略。

参考文献

［1］安实，何琳，王健．基于实物期权的风险投资决策模型研究［J］．哈尔滨工业大学学报，2002（3）：389-391，395.

［2］吴思璠．股票型基金机会主义行为研究［D］．大连：东北财经大学，2023.

［3］孙守纪，费平，张寓．中国企（职）业年金的长期投资目标与“长钱短投”困境的解决之道——基于精算预期收益率的一个统一的分析框架［J］．保险研究，2023（11）：78-91.

［4］蔡中华，罗新宇．政府研发补贴模式下企业绿色技术创新的供应链决策及合同选择［J］．北京化工大学学报（自然科学版），2023，50（5）：109-117.

［5］王恕立，向姣姣．制度质量、投资动机与中国对外直接投资的区位选择［J］．财经研究，2015，41（5）：134-144.

［6］宋鹏，张超．大群体决策视角下风险投资项目选择路径研究［J］．山西大学学报（哲学社会科学版），2023，46（5）：143-151.

［7］王喆琳．人口流动视角下个体投资者省际资产配置研究［J］．市场周刊，2022，35（7）：144-150.

［8］王婧怡．投资者情绪对财务信息质量的影响研究［D］．长春：吉林大学，2022.

［9］李蕙彤．中国股票市场 Beta 异象成因及其机理研究［D］．大连：东北财经大学，2021.

［10］包洪召．投资者行为视角下杠杆交易与股价崩盘风险［D］．武汉：武汉大学，2021.

［11］谷宇，刘敏．个体投资者视角下汇率沟通对人民币汇率预期的影响研究——基于个体投资者“关注”及“情绪”渠道的分析［J］．经济科学，2020（5）：32-44.

［12］谷宇，郭苏莹．投资者关注会影响个体投资者的汇率预期吗？——基于银行代客结售汇数据的实证分析［J］．国际金融研究，2020（2）：77-86.

［13］茹华杰，吴承尧．机构投资者投资频率与市场稳定［J］．管理科学，2018，31（3）：140-148.

［14］刘燕，朱宏泉．个体与机构投资者，谁左右 A 股股价变化？——基于投资者异质信念的视角［J］．中国管理科学，2018，26（4）：120-130.

［15］李涛．参与惯性和投资选择［J］．经济研究，2007（8）：95-109.

［16］李涛．社会互动与投资选择［J］．经济研究，2006（8）：45-57.